CHRISTINE WEIDENWEBER

Alte GEMÜSESORTEN und WILDKRÄUTER SELBST ANBAUEN

Foto: Arche Noah

CHRISTINE WEIDENWEBER

Alte GEMÜSESORTEN und WILDKRÄUTER SELBST ANBAUEN

PETERSBERG

PETERSBERG
ist ein Imprint der
HEEL Verlag GmbH
Gut Pottscheidt
53639 Königswinter
Tel.: 02223 9230-0
Fax: 02223 9230-13
E-Mail: info@petersberg-verlag.de
www.petersberg-verlag.de

Lizenzierte Sonderausgabe des Titels „Raritäten im eigenen Garten“ von Christine Weidenweber, mit freundlicher Genehmigung
© 2012 Cadmos Verlag, München

Umschlaggestaltung: Axel Mertens, HEEL Verlag GmbH
Umschlagmotiv(e): © Adobe Stock, alicja neumiler (oben links) / Stefan Körber (unten links) / Susann Bausbach (unten rechts) / Tatyana Sidyukova (oben rechts) / Анастасия Жильцова (Hintergrund)
Satz: jb:design – Johanna Böhm, Dassendorf

Printed in Czech Republic

ISBN 978-3-7553-0044-1

Inhalt

Vorwort ... 7

Gemüse und Wildkräuter neu entdeckt ... 8

Vielfalt bewahren ... 8

Vorhang auf – Pflanzen porträtiert ... 11

Gemüse ... 12
- Bohnen-Raritäten ... 14
- Erdbeerspinat ... 18
- Erdmandel ... 20
- Etagenzwiebel ... 22
- Haferwurzel ... 24
- Kohl-Raritäten ... 26
- Mai- und Herbstrübchen ... 30
- Mangold ... 32
- Meerrettich ... 34
- Neuseeländer Spinat ... 36
- Pastinake ... 38
- Schlangenradies ... 40
- Schwarzer Rettich ... 42
- Schwarzwurzel ... 44
- Spargel ... 46
- Spargelerbse ... 50
- Topinambur ... 52
- Winterheckzwiebel ... 54
- Arche Noah ... 56

Kartoffeln ... 58
Alte Sorten in Hülle und Fülle ... 61

Kürbisse ... 68
Vielfalt in Form und Größe ... 70
Arten und Sorten für Garten und Küche ... 71

Salate & Wildkräuter ... 76
Bärlauch ... 78
Borretsch ... 80
Bronzefenchel ... 82
Brunnenkresse ... 84
Endiviensalat ... 86
Feldsalat, Ackersalat, Rapunzel ... 88
Gartenmelde ... 90
Giersch ... 92
Guter Heinrich, Wilder Spinat ... 94
Hirschhornwegerich ... 96
Kapuzinerkresse ... 98
Knoblauchrauke ... 100
Löffelkraut ... 102
Löwenzahn ... 104
Pimpinelle ... 106
Portulak ... 108
Radicchio ... 110
Römischer Ampfer ... 112
Sauerampfer ... 114
Schafgarbe ... 116
Spargelsalat ... 118
Vogelmiere ... 120
Waldmeister ... 122
Zuckerhutsalat ... 124

Pilze ... 126
Pilze aus eigener Zucht ... 128
Austernpilz ... 130
Braunkappe ... 132
Kräuterseitling ... 134
Shiitake ... 136

Register ... 138

Nützliche Adressen ... 142

Vorwort

Gemüse und Wildkräuter neu entdeckt

Foto: Dr. Brunhilde Bross-Burkhardt

Gemüse zählt zu den wichtigsten Nahrungsmitteln. Die meisten Menschen essen Gemüse täglich, gekocht oder roh, als Hauptmahlzeit oder zwischendurch als Pausensnack. Und in jedem Supermarkt steht es zur Verfügung; die gängigen Sorten von Gurken, Radieschen, Kohlrabi und Kohl sind überall zu haben. Auch Kräuter stehen hoch im Kurs. Wir nehmen uns wieder Zeit für die Zubereitung – zum Kochen und auch zum Essen.

Bei ausgefalleneren, seltenen oder gar „alten“ Sorten wird man nicht so schnell fündig. Manchmal bekommt man Mangold, Mairübchen und Zuckerhutsalat in Spezialitätengeschäften oder biologischen Kaufhäusern; Haferwurzel, Guter Heinrich und Wildkohl werden Sie auch dort kaum finden. Und dabei wird immer mehr bekannt, dass besonders die in früheren Zeiten häufig angebauten Gemüse und Kräuter, die züchterisch nicht oder kaum bearbeitet wurden, sehr viele und hochwertige Inhaltsstoffe enthalten, dass sie robust und wenig anfällig gegen Krankheiten sind und noch dazu recht einfach im Anbau.

Vielfalt bewahren

In dieser schnelllebigen Zeit, in der Fast-Food-Ketten das große Geld verdienen, wird wieder nach Werten gesucht, die uns Orientierung und Halt geben. Der Garten ist so ein Orientierungspunkt. Gärtnern dient immer mehr Menschen zur „Entschleunigung“. Gartenarbeit, der Anbau von Nutzpflanzen, die Ernte und Verarbeitung von Nahrungsmitteln verschafft eine ungeahnte Freude und Zufriedenheit. „Zum Glück“, könnte man sagen. Es wurde höchste Zeit, dass wir uns an unsere Vorfahren erinnern und an all die vielen regional unterschiedlichen Gemüsesorten, die in den Bauerngärten früherer Zeiten wuchsen. Sicher, moderne Züchtungen haben Gutes bewirkt, größere Früchte und höherer Ertrag könnten bei einer gerechten Verteilung der Nahrungsmittel sogar dem Hunger in der Welt ein Ende setzen. Doch leider werden größere Früchte und Mengen häufig auf Kosten des Geschmacks produziert. Und Geschmack und Aroma sind für viele Menschen heute wichtiger denn je. Und noch etwas ist wichtig: Immer wieder tauchen in den Medien

Berichte über den Verlust der Artenvielfalt auf. Nicht nur durch Straßen- und Wohnungsbau verschwinden Arten, deren Lebensräume zerstört werden, sondern auch dadurch, dass Arten und alte Sorten, die ertraglich unter den Erwartungen zurückbleiben, von vermeintlich besseren Pflanzen verdrängt werden. Wer alte Gemüsesorten anbaut, bemüht sich deshalb gleichermaßen um die Erhaltung der Artenvielfalt.

Ein anderes Problem hat den Wunsch nach selbstproduzierten Nahrungsmitteln außerdem extrem verstärkt: Gefährlich überhöhte Schadstoffrückstände in Lebensmitteln und Skandale über verunreinigte und unhygienisch hergestellte Lebensmittel haben uns den Appetit verdorben.

Die Qual der Wahl

Verschiedene, vor allem biologisch wirtschaftende Saatgutbetriebe bieten alte und vergessene Arten und Sorten gleichzeitig mit den passenden Anbauempfehlungen an. Und Vereine und Verbände, allen voran in Österreich die ARCHE NOAH und in Deutschland der Verein zur Erhaltung der Nutzpflanzenvielfalt (VEN), bemühen sich darum, Arten und Sorten zu kultivieren und zu erhalten.

Was liegt näher, als einfach einmal selbst auszuprobieren, ob es mit dem Anbau von besonderen Arten und Sorten auch im eigenen Garten klappt. Saatgut ist schnell bestellt und in der kleinsten Ecke des Gartens können Anbauversuche gestartet werden. Schnell werden Sie herausfinden, welche Gemüse und Kräuter für Sie infrage kommen, welche auf dem Standort gut gedeihen, welche gut schmecken und in der Familie oder bei Freunden gut ankommen. Möglicherweise wird sogar irgendwann der Garten zu klein werden für die vielen Sorten, die noch angebaut werden sollen, und es beginnt die Qual der Auswahl!

Foto: pixelio.de/Peter von Bechen

Es werden im Folgenden vor allem Gemüse, Salate, Wildkräuter und Pilze porträtiert, die auch im Buch von Jens Mecklenburg, „Raritäten mit Biss“, erschienen im Cadmos Verlag, vorgestellt werden. Die beiden Bücher ergänzen einander, ohne voneinander abhängig zu sein. Im vorliegenden Werk wird erklärt, wie alte Gemüse und Kräuter und auch Raritäten selbst kultiviert werden können; im Buch „Raritäten mit Biss“ finden sich Geschichten, Geschichtliches und Rezepte zu den Pflanzenporträts.

Die ausgewählten Arten und Sorten sind darüber hinaus allesamt schmackhaft und leicht anzubauen und zu verarbeiten. Und auch die Mischung macht's: Für jede Jahreszeit und aus den verschiedenen Gruppen, Zwiebel-, Blatt-, Fruchtgemüse und Wildkräuter, sind die besten ausgewählt worden, sodass Sie mit den Sorten, alle angebaut, Ihren Garten das ganze Jahr über beschicken können und darüber hinaus auch noch einige dauerhafte Gartenbewohner haben wie Spargel und Topinambur.

Sehr viele der vorgestellten Arten können Sie problemlos auch in Kästen, Kübeln und Töpfen auf Balkon, Terrasse und manche auch auf der Fensterbank über Winter anziehen und kultivieren. Auch für Hochbeete eignen sich die Sorten sehr gut.

Gesunde Pflanzen

Sie werden mit der Zeit ganz sicher von dem Fieber nach neuen Sorten angesteckt, denn das Ausprobieren und Experimentieren macht einfach Spaß. Ein besonderer Pluspunkt der „alten und wilden“ Arten und Sorten ist, dass sie züchterisch kaum bearbeitet wurden. Hochleistungssorten leiden häufiger an Krankheiten und Schädlingsbefall, während die hier porträtieren Pflanzen sehr robust und anspruchslos sind und kaum von Krankheiten und Schädlingen befallen werden.

Aber nicht nur die Pflanzen, sondern auch die Gärtner können etwas zur guten und gesunden Entwicklung der Pflanzen beitragen. Wählen Sie unbedingt den richtigen Standort für die Kultivierung aus. Wenn Sie den nicht bieten können, sollten Sie das Gemüse oder Wildkraut nicht anbauen. Und bei der Versorgung der Pflanzen mit Nährstoffen gilt: Alle paar Jahre sollte eine Bodenuntersuchung durchgeführt werden, damit Sie wissen, welche Nährstoffe im Boden enthalten sind. Das beugt einer Überdüngung des Bodens vor, und leider sind, Untersuchungen zufolge, vor allem auch Hausgärten stark überdüngt. Leben Sie im Einklang mit der Natur und gehen Sie bedachtsam mit ihr um. Die Freude an alten Sorten und deren unvergleichlichem Geschmack werden Sie dafür belohnen.

Vorhang auf – Pflanzen porträtiert

Foto: Dr. Brunhilde Bross-Burkhardt

Gemüse

Foto: Arche Noah

Bohnen-Raritäten

Bohnen zählen im Anbau zu den dankbarsten Gemüsearten. Sie wachsen und gedeihen auf den meisten Standorten und bringen fast immer eine gute Ernte. Sie sind deshalb zuverlässige Gemüselieferanten.

Was wohin gehört

Die bekannten Busch- und Stangenbohnen gehören zur Gattung *Phaseolus*. Am häufigsten werden Buschbohnen *(Phaseolus vulgaris var. nanus)* angebaut, aber auch Stangenbohnen *(Phaseolus vulgaris* var. *vulgaris)* findet man in unseren Gärten. Alte Sorten und Raritäten unter den Bohnen sind meistens genauso pflegeleicht und ertragreich, sie werden aber kaum in unseren Gärten angebaut. Mittlerweile wieder häufiger anzutreffen, auch wegen ihres Zierwerts, sind die Feuerbohnen *(Phaseolus coccineus, Foto S. 14)*, die zur selben Gattung wie Busch- und Stangenbohnen gehören.

Interessantes liefert auch die Gattung *Vicia*, denn Dicke Bohnen *(Vicia faba)*, auch Puffbohnen und Saubohnen genannt, werden zwar meist in die landwirtschaftliche Ecke gestellt, können aber gärtnerisch sehr gut genutzt werden und waren früher wichtige Energie- und Eiweißlieferanten. Sie unterscheiden sich nur unwesentlich von der Ackerbohne.

Als Raritäten im Garten können außerdem die Spargelbohne *(Vigna unguiculata* subsp. *sesquipedalis)*, die Helmbohne *(Dolichos lablab)* und die Sojabohne genannt werden *(Glycine maxima)*.

Feuerbohnen

Die dekorativen Kletterer leisten nicht nur im Garten, sondern auch auf Balkon und Terrasse bei doppelter Nutzung gute Dienste. Im Garten steckt man zuerst die Stangen und legt dann die Bohnen drum herum, und zwar am besten fünf Bohnen pro Stange. Drücken Sie die Bohnen in den Boden. Sie werden dann nur leicht mit Erde bedeckt. Nach dem Keimen häufelt man zur besseren Standfestigkeit etwas an. Es gibt mittlerweile sehr leicht aufzustellende Vorrichtungen mit Kletternetzen. Feuerbohnen lassen sich auch gut ins Blumenbeet integrieren.

Feuerbohnen gedeihen auch sehr gut in Kübeln und Gefäßen. Achten Sie auf ausreichend tiefe Gefäße, damit die Wurzeln sich gut nach unten ausbreiten können. Sehr dekorativ sehen Feuerbohnen aus, wenn man sie an einem Rankgerüst oder Obelisk nach oben ranken lässt. Auch zur Begrünung von Pergolen sind Feuerbohnen geeignet.

So wird's gemacht

Die Bohnen werden Ende Mai gelegt und bei Trockenheit gegossen. Wenn sie anfangen, sich nach oben zu ranken, legen Sie die Bohnen so an den Stab, dass sie sich im Uhrzeigersinn darumwinden können. Sie können die grünen zarten Hülsen verwenden, die wie Buschbohnen gekocht oder gedünstet werden. Regelmäßiges Durchpflücken ist dafür erforderlich, denn ansonsten werden die Hülsen hart. Gebräuchlicher ist allerdings die Verwendung der Kerne.

Wenn die Hülsen trocken und brüchig sind, beginnt die Ernte der Bohnenkerne. Am besten lässt man sie dann noch an einem warmen trockenen Ort einige Tage nachtrocknen, bevor entkernt wird. Aufbewahrt werden die Kerne am besten in einer Papiertüte. Eine trockene Lagerung ist wichtig. In Blechdosen ziehen sie manchmal doch noch Feuchtigkeit und beginnen frühzeitig zu schimmeln.

Pflege der Feuerbohnen

Eine Düngung ist nicht notwendig; im Gegenteil liefern Bohnen dem nachfolgenden Gemüse durch ihre Symbiose mit Stickstoff produzierenden Mykorrhiza-Pilzen noch Stickstoff. Es muss nur gewässert und regelmäßig durchgepflückt werden. Es gibt rot blühende Sorten, zum Beispiel 'Preisgewinner', weiß blühende 'Weiße Riesen' und rot-weiß blühende Sorten wie 'Painted Lady' und 'Maienbohne'.

Schnellinfo

Aussaat/Pflanzung: Mai bis Anfang Juni.
Ansprüche im Garten: Ein sonniger, durchlässiger Standort.
So können die Pflanzen genutzt werden: Als grüne Bohnen und Auskernbohnen.
Empfehlenswerte Sorten: 'Preisgewinner', 'Steirische Käferbohne', 'Painted Lady', 'Maienbohne'.
Besonderheiten: Ein hoher Zierwert; Feuerbohnen eignen sich zur schnellen einjährigen Pergolabegrünung.

Dicke Bohnen

Dicke Bohnen *(Vicia faba* var. *faba, Foto S. 15)* zählen zu den Wicken und wurden früher häufig angebaut. Heute sind sie in unseren Gärten kaum noch zu finden. Sie können viel früher, nämlich schon im Februar/März, als Feuerbohnen ausgesät werden, denn sie sind besser an die kühlen Temperaturen angepasst. Man braucht für sie auch keine Stangen oder Rankgerüste. Sie wachsen aufrecht, werden 80–90 cm hoch und müssen bei Trockenheit gewässert werden.

Geerntet werden bereits die ersten zarten Hülsen. Sind die Hülsen fest geworden, kann man die abgeplatteten Kerne zur Nahrungszubereitung verwerten. Sie lassen sich gut lagern und bevorraten, wenn sie ganz hart geworden sind.

In manchen Regionen, wie beispielsweise dem Rheinland, werden Dicke Bohnen traditionell angepflanzt und Saatgut ist leicht zu bekommen. Ansonsten haben einige Anbieter von Biosaatgut Dicke Bohnen im Sortiment.

Für die Küche

In südlichen Ländern werden Dicke Bohnen gern gegessen, und zwar isst man die milchreifen, noch weichen Samenkörner roh oder auch gekocht und gedünstet. Sie können roh verzehrt werden, weil sie nicht wie die *Phaseolus*-Bohnen Phasin enthalten. Aus den Kernen lässt sich eine deftige Suppe zubereiten. Dicke Bohnen sind sehr gute Eiweißlieferanten.

Echte Raritäten

Wer kennt sie schon, die Spargelbohne *(Vigna unguiculata* subsp. *sesquipedalis, Foto S. 16)*? Zu Recht trägt sie auch den Namen Meterbohne, denn ihre Hülsen sind tatsächlich fast 1 m lang, die Pflanze selbst wird bis zu 3 m hoch. Wenn Sie im Weinbauklima wohnen, ist der Anbau im Freien kein Problem, ansonsten muss die Pflanze aber im Gewächshaus kul-

Schnellinfo

Aussaat/Pflanzung: Ende Februar bis Ende März.
Ansprüche im Garten: Ein kalkhaltiger, durchlässiger Boden.
So können die Pflanzen genutzt werden:
Die jungen Hülsen und die frischen Kerne kochen oder dünsten, zum Gefrieren geeignet, die reifen Körner trocken lagern und vor dem Verzehr 24 Stunden einweichen.
Empfehlenswerte Sorten: ‘Hangdown’, ‘Hunsrück’.
Besonderheiten: Auch gut als Vorfrucht oder Zwischenfrucht geeignet, da die lange Pfahlwurzel gut den Boden lockert.

tiviert werden, weil sie es sehr warm mag. Spargelbohnen benötigen eine Voranzucht im April und können dann im Mai ausgepflanzt werden. Die Hülsen sind sehr schmackhaft und äußerst dekorativ; da sie „hoch hinauswill", werden Stangen benötigt, an denen sich die Pflanze nach oben ranken kann. Spargelbohnen werden gekocht oder gedünstet.

Auch die Helmbohne *(Lablab purpureus* syn. *Dolichos lablab, Foto S. 17 oben)* ist im Garten und in der Küche eine echte Rarität. Allerdings wird die auch als Hyazinthbohne bekannte Kletterpflanze gern zur Begrünung eingesetzt, denn sie wächst schnell und entwickelt schöne große Blätter, ähnlich der Feuerbohne. Sie wird zwischen 2 und 4 m hoch. Alle Pflanzenteile der Helmbohne sind dunkelpurpurrot. Die rosafarbenen Blüten erscheinen in Trauben. Die Hülsen sind flach und können genauso wie grüne Bohnen zubereitet werden. Der Anbau gelingt vor allem in Weinbauklimaregionen, denn das Wärmebedürfnis der Helmbohne ist hoch. Bei einer Voranzucht im April und einer späteren Pflanzung Mitte Mai können Helmbohnen ab Juni geerntet werden.

Pflanzliches Eiweiß in Hülle und Fülle liefert die Sojabohne *(Glycine maxima, Foto S. 17 unten)*, die viel zu selten in unseren Gärten kultiviert wird. Sie ist im Anbau vergleichbar mit der Dicken Bohne und ist ebenso wie diese sehr kältetolerant. Bei einer Aussaat Ende April werden Sojabohnen im September reif. Dann erntet man sie als Trockenbohne, aus der man Sojamilch und Tofu herstellen kann.

Erdbeerspinat

Erdbeeren oder Spinat – das ist hier die Frage. Tatsächlich gibt es ein Gemüse, das ähnlich wie Spinat verwendet wird und kleine kugelige, knäuelartige rote Früchte trägt. Nur kurze Zeit wurden die Pflanzen anscheinend als Nahrungspflanzen genutzt, dann löste schon bald der Spinat das interessante Gemüse ab. Es gibt zwei Arten des Erdbeerspinats; der Echte *(Chenopodium foliosum)* wächst schnell, und schon nach etwa sechs Wochen können die ersten Blätter für Salate und Suppen verwendet werden oder ähnlich wie Spinat als Gemüse. Die Haupternte beginnt aber nach etwa zwölf Wochen. Im März/April ausgesäte Pflanzen schossen sehr schnell, sie müssen also möglichst bald geerntet werden. Bei später Aussaat im August bilden sich im darauffolgenden Frühjahr kräftige Rosetten, die schon bald genutzt werden können.

Der Kopfige Erdbeerspinat *(C. capitatum)* keimt etwas langsamer und hat deshalb eine längere Kultivierungszeit. Die kleinen Kerne, die sich in den Früchten befinden, stören beim Verzehr kaum. Beim Echten Erdbeerspinat sind die Kerne größer. Der Geschmack der Früchte wird von fad über intensiv fruchtig (Echter Erdbeerspinat) bis angenehm nach Rote Bete schmeckend (beim Kopfigen Erdbeerspinat) beschrieben. Am besten probiert man es selbst aus. Allerdings lohnt es sich allemal, einige Früchte ausreifen zu lassen, die als Dekorationszwecke gute Verwendung finden.

Bei der Ernte schneidet man entweder die ganze Blattrosette ab oder man erntet nur einzelne Blätter. Lässt man die letzte Aussaat stehen, dann sät der Erdbeerspinat sich selbst aus und man findet hier und da neue Pflanzen im nächsten Jahr.

Gut macht sich Erdbeerspinat in Kästen und Kübeln, vor allem weil er auch an halbschattigen Plätzen gut wächst. Er kann sowohl als Nutz- als auch als Zierpflanze verwendet werden.

So wird's gemacht
Erdbeerspinat kann von März bis August im Abstand von 25 x 10 cm ausgesät werden. Der Aufwand für die Kultivierung ist gering, seine Bodenansprüche sind gering. Erdbeerspinat wächst sowohl auf sandigen, als auch auf tonhaltigen und lehmigen Böden. Er wächst in Sonne und Halbschatten und muss nicht gedüngt werden.

Für die Küche
Ein Quark mit Erdbeerspinat schmeckt gut, ebenso wie gefüllte Erdbeerspinatpfannkuchen. Die Blätter lassen sich wie Spinat tiefgefrieren.

Foto: Dr. Brunhilde Bross-Burkhardt

Schnellinfo

Aussaat/Pflanzung: März bis August.
Ansprüche im Garten: Eine sehr anspruchslose Pflanze, die in Sonne und Schatten wächst und nicht gedüngt werden muss.
So können die Pflanzen genutzt werden: Die Blätter werden wie Spinat zubereitet, gedünstet oder in Salaten verwendet. Die Früchte sind schöne Dekorationselemente, der Geschmack wird unterschiedlich bewertet.
Empfehlenswerte Sorten: Es gibt nur zwei Arten, den Kopfigen und den Echten Erdbeerspinat.
Besonderheiten: Hoher Zierwert.

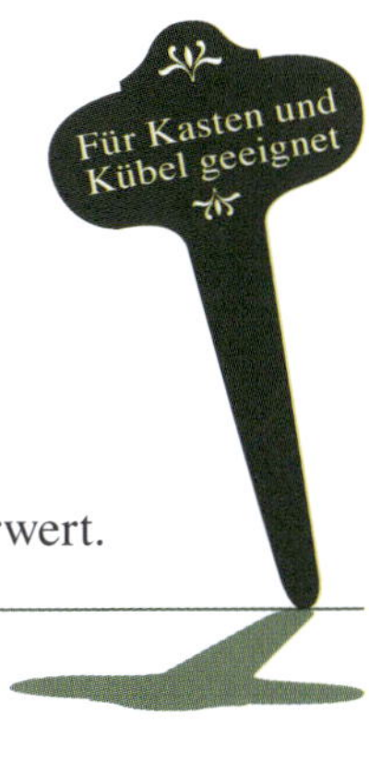

Erdmandel

Es hat den Anschein, als ob diese echte Rarität heutzutage wieder etwas mehr Aufmerksamkeit bekommt, dennoch findet man nur selten in unseren Gärten Erdmandeln *(Cyperus esculentus)*, deren unterirdische Sprossknollen verzehrt werden. Der Anbau erfordert etwas mehr Zeit und auch die Ernte ist ein wenig mühsam, doch man wird belohnt mit außergewöhnlich schmeckenden Knöllchen, die schon als Snack zwischendurch eine Sensation sind. Sie können aber auch gemahlen werden – das machte man früher, um sie als Nussersatz zu verwenden –, man kann sie kochen und auch zu Erfrischungsgetränken verarbeiten.

So wird's gemacht

Am besten bestellt man sich Erdmandeln über den Samenfachhandel. Da die Keimung relativ lange dauert (1–4 Wochen), ist es sinnvoll, die Knöllchen vor der Aussaat ähnlich wie Keimsprossen vorzuquellen. Dabei gibt man sie Ende März bis Anfang April in ein Glas und spült zweimal täglich mit lauwarmem Wasser. Abgedeckt wird mit einem Leinentuch oder mit einem durchlöcherten Deckel des Keimgeräts. Das Gefäß muss an einem warmen Platz stehen. Fangen die Knollen an zu keimen, werden sie einzeln in kleine Töpfe mit Erde gesetzt und ab Mitte Mai im Abstand von 30 x 30 cm ausgepflanzt. Diese Methode ist erfolgreicher als das Legen der Knöllchen an Ort und Stelle, denn nur in warmen feuchten Frühjahren ist der Keimerfolg dann auch zufriedenstellend.

In wärmeren, wintermilden Gegenden überwintert die Erdmandel sogar und wird dann mancherorts zum Problemunkraut, weil sie „auswandert". Um das zu verhindern, pflanzt man die Knöllchen am besten in Kübel, dort sind sie auch geschützt vor Wühlmausfraß, denn die Nager finden großen Gefallen an den leckeren Naschereien.

Am besten gedeihen die Pflanzen an einem warmen sonnigen Platz in lockeren Böden, die auch genügend Feuchtigkeit bieten. In der Kübelkultur sind diese Bedingungen am besten zu bieten.

Da im Spätherbst noch zahlreiche Knöllchen gebildet werden, sollten Sie so spät wie möglich, am besten vor den ersten Frösten, ernten. Dabei hebt man die Pflanzen mit einer Grabegabel vorsichtig aus dem Boden heraus und schüttelt die Knöllchen ab. Die Knöllchen sind mit Erde behaftet und müssen sorgfältig abgewaschen und anschließend getrocknet werden, um sie einige Wochen aufbewahren zu können. Am besten legt man sich das Saatgut fürs nächste Jahr beiseite.

Für die Küche

In Spanien ist die Erdmandel weitaus bekannter als bei uns, man bereitet daraus das Erfrischungsgetränk Horchata zu. Dazu werden zerstoßene Erdmandeln mit etwas Wasser über Nacht angesetzt, dann abgeseiht. Die so entstandene Milch wird mit Zuckersirup gesüßt und auf verschiedene Weise, zum Beispiel mit Limetten, dekoriert. Die Knöllchen können zu Mehl gemahlen werden, sie können roh oder klein gehackt zum Müsli verzehrt werden.

Schnellinfo

Aussaat/Pflanzung: Voranzucht ab März, Aussaat nicht vor Mitte Mai.
Ansprüche im Garten: Sonniger bis halbschattiger Platz in lockerem, nicht zu trockenem Boden.
So können die Pflanzen genutzt werden: Die Sprossknollen können roh, gekocht, geröstet oder als Mehl oder zu Milch verarbeitet werden.
Empfehlenswerte Sorten: Nur die Art.
Besonderheiten: Besonderer Geschmack; das an Zyperngras erinnernde Gemüse kann in der Floristik verwendet werden.

Foto: Dr. Brunhilde Bross-Burkhardt

Etagenzwiebel

Bei den Zwiebelgewächsen zählt die Etagenzwiebel oder Luftzwiebel *(Allium x proliferum)* zu den ganz besonderen Kuriositäten. Anscheinend ist diese Art aus der ungewollten Kreuzung zwischen der Küchenzwiebel und der Winterheckzwiebel entstanden. Die für die Küche verwertbaren Zwiebeln bilden sich als Tochterzwiebeln unterirdisch und vor allem auch oberirdisch, indem sich viele etwa haselnussgroße Brutzwiebeln an der Spitze der lauchartigen hohlen Stängel bilden, die wiederum Laub hervorbringen und weitere Etagen bilden können. Die Pflanze ist auf Standorten, die ihr zusagen, recht ausladend im Wuchs und kann gut in der Staudenrabatte ihren Platz finden, die sie mit ihrem bizarren Aussehen zu etwas Besonderem macht.

So wird's gemacht

Etagenzwiebeln bekommt man im Fachhandel und über das Internet. Sie werden, wie ihre Verwandten, im Frühjahr gesteckt, und zwar von März bis April. Mit sandigem Lehm, Lehm und Tonböden kommen sie gut zurecht, und wenn das Plätzchen dann noch sonnig ist, werden Sie einige Jahre ernten können. Wichtig ist außerdem eine gute Wasserversorgung. Im Gegensatz zur herkömmlichen Gartenzwiebel *(Allium cepa)* ist diese Art mehrjährig. Der Standort muss also mit Bedacht gewählt werden.

Die Zwiebeln werden im Abstand von 50 cm gesteckt, denn die Pflanzen können an zusagendem Standort recht ausladend werden. Die Stängel werden bis zu 1 m und höher. Das ist praktisch, denn rückenschonendes Ernten ist nicht gerade Standard im Garten. Geerntet wird fast ganzjährig von April bis November.

Lässt der Ertrag nach etwa 3–4 Jahren nach, können die Pflanzen verjüngt werden, indem man sie teilt. Mitunter werden die Luftzwiebeln auch zu schwer und neigen sich dem Boden zu. Bei Kontakt mit der Erde entwickeln diese Zwiebeln Wurzeln.

Sollen die Etagenzwiebeln gelagert werden, müssen sie zunächst gut trocknen. Dazu hängt man sie gebündelt an einen luftigen, warmen und trockenen Platz. Sind die Zwiebeln gut getrocknet, kann man sie in Netzen in einem trockenen dunklen Raum aufhängen oder einschichtig in Kisten gelegt aufbewahren.

Für die Küche

Es ist etwas mühsam, die kleinen Brutzwiebeln zu schälen. Es lohnt sich aber, denn die Zwiebeln sind mit ihrem scharfen Aroma ein echtes Highlight in der Raritätenküche. Sie können roh oder gebraten oder wie Zwiebeln mitgeschmort werden; sie ergänzen Suppen und Salate und passen zu Mixed Pickles. Außerdem sind sie gut lagerfähig.

Schnellinfo

Aussaat/Pflanzung: März bis Mai.
Ansprüche im Garten: Nährstoffreicher, humoser bis lehmiger Boden auf sonnigem bis halbschattigem Standort.
So können die Pflanzen genutzt werden: Die kleinen Zwiebeln roh, gekocht, gedünstet und eingelegt verwenden. Das junge Laub kann man fein geschnitten Salaten und Suppen beimischen.
Empfehlenswerte Sorten: Meistens wird nur die Art angeboten.
Besonderheiten: Kurioses Aussehen durch etagenartig angeordnete Brutzwiebeln; Etagenzwiebeln eignen sich auch für den Ziergarten.

Haferwurzel

Dieses Wurzelgemüse ist eine außergewöhnliche Rarität, denn der Geschmack erinnert ein wenig an Austern. In Großbritannien wird die Haferwurzel *(Tragopogon porrifolius)*, dort als „vegetable oyster“ bezeichnet, noch relativ häufig angebaut, bei uns wurde sie durch die Schwarzwurzel verdrängt, und das hat mehrere Gründe: Zum einen sind Schwarzwurzeln ertragreicher, zum anderen werden Haferwurzeln, wenn sie zur Blüte kommen, holzig. Da die zweijährigen Pflanzen mitunter schon im ersten Jahr blühen, ist das für den Erwerbsanbau ein Unsicherheitsfaktor.

Die Blüte der Haferwurzel ist mit ihrer lila Färbung an sich schon so attraktiv, dass sich sogar ein Anbau in der Staudenrabatte durchaus lohnt.

So wird's gemacht

Der Anbau ist mit der von Schwarzwurzeln vergleichbar. Die auch als Weißwurzeln bezeichneten Pflanzen bringen gerade Wurzeln vor allem auf Böden hervor, die tiefgründig und locker sind. Man sät sie schon früh im Jahr, am besten im März/April, spätestens Anfang Mai aus. Dabei werden 2–3 cm tief Rillen gezogen, in die das Saatgut gelegt wird. Später vereinzelt man auf 10–15 cm. Die Reihen sollten 20–25 cm Abstand haben. Neben einem tiefgründigen Boden ist die Qualität beziehungsweise das Alter der Samen von entscheidender Bedeutung für den Keimerfolg. Haferwurzelsamen werden nämlich nur 2–4 Jahre alt. Machen Sie also unbedingt vor der Aussaat eine Keimprobe, indem Sie die Samen auf ein feuchtes Küchentuch legen, das auch feucht gehalten werden muss. Die Keimung erfolgt nach 3–4 Wochen, etwas Geduld ist also vonnöten.

Erntereif sind die Haferwurzeln, wenn die Wurzeln etwa 15 30 cm lang sind. Zum Ernten wird eine Grabegabel benötigt. Der Boden wird dabei vorsichtig tief gelockert, damit die Wurzeln nicht abbrechen.

Für die Küche

Neben den Wurzeln können auch die Blätter für Salate verwendet werden. Schneiden Sie aber nicht zu viele an einer Pflanze ab, um den Wurzelertrag nicht zu schmälern. Außerdem ist es möglich, die jungen Triebe wie Spargel zuzubereiten. Das geht dann aber am besten im zweiten Anbaujahr im Frühjahr, dann sind die Triebe etwas dicker.

Die Wurzeln sind außen gelblich und innen weißfleischig wie bei den Schwarzwurzeln. Man muss sie nicht schälen, ein Säubern mit einer Bürste reicht aus. Wer trotzdem schälen will, muss die Wurzeln mit Zitronensaft

Foto: Arche Noah

beträufeln oder in Milch legen, damit sich das Fleisch durch den Milchsaft nicht braun färbt.

Obwohl die Engländer den Geschmack von Haferwurzeln als austernartig beschreiben, trifft es die Umschreibung süßlich nussig besser. Verwendet werden die Wurzeln gekocht als Gemüsebeilage, als Einlage in Suppen oder püriert als Cremesuppe. Als Salat mit Zitronen und Nüssen schmecken Haferwurzeln ebenfalls lecker.

Schnellinfo

Aussaat/Pflanzung:
März/April bis spätestens Mai.
Ansprüche im Garten: Tiefgründiger lockerer Boden, eventuell mit Sandanteil.
So können die Pflanzen genutzt werden:
Die Wurzeln kochen, dünsten, als Beilagen oder für Suppen verwenden; Blätter bereichern Salate, Triebe wie Spargel zubereiten, Blüten essbar.
Empfehlenswerte Sorten: Es gibt in Deutschland nur die Art.
Besonderheiten: Besonderer Geschmack, auch als Zierpflanze im Staudenbeet verwendbar.

Kohl-Raritäten

Lange Zeit hatte Kohl den Ruf, ein „Arme-Leute-Essen“ zu sein, doch seitdem der Nutzgarten wieder eine Renaissance erlebt und alte Gemüse und Wildkräuter wieder auf dem gehobenen Speiseplan stehen, rückt Kohl mehr ins Rampenlicht. Vor allem in Kriegszeiten waren Kohlgerichte ein gutes und vollwertiges Essen. Mittlerweile hat sich der Kohl in ganz verschiedenen Varianten seinen festen Platz in der Küche erobert, und das vor allem als deftige Mahlzeit im Herbst und Winter.

Kohlvielfalt

Weißkohl und Rotkohl, Brokkoli und Grünkohl, Rosenkohl und Blumenkohl, allesamt Abkömmlinge von *Brassica oleracea*, sind überall zu bekommen, und mit zahlreichen Rezepten können wir leckere Gerichte zaubern. Doch die Vielfalt beschränkt sich nicht nur auf die bekannten Kohlarten, es gibt durchaus auch Raritäten und Besonderheiten im „Reich des Kohls“, wie beispielsweise den Toskanischen Palmkohl, der in unseren Gärten nur selten anzutreffen ist, und das, obwohl die Kultivierung denkbar einfach ist.

Zu den besonderen Arten und Sorten in der Kohlfamilie zählen:

- Toskanischer Palmkohl (*Brassica oleracea* var. *palmifolia*)
- Butterkohl ‘Bloemendaalse Gele’ (*Brassica oleracea* var. *costata*)
- Filderkraut
- Ewiger Kohl (*Brassica oleracea* var. *ramosa*)

Toskanischer Palmkohl

Dass diese Kohlvarietät auch als Zierkohl angeboten wird, hat durchaus seine Berechtigung, denn er passt mit seinen langen, zungenartigen, gekrausten Blättern gut in eine bunte Staudenrabatte und macht sich ebenso gut im Topf. Als Vorfahre des Grünkohls zählt er zu den alten Gemüsen, die lange Zeit in Vergessenheit geraten waren, heute aber wieder auf dem Speiseplan stehen. Im Nutzgarten, vor allem aber auch als Topfbepflanzung, ist Toskanischer Palmkohl aber immer noch eine Rarität. Es gibt einige Sorten, 'Cavalo Nero' ist besonders empfehlenswert.

So wird's gemacht

Ausgesät wird der Palmkohl von April bis Anfang Juni; vor allem bei einer späten Pflanzung ist eine Voranzucht sinnvoll. Die Jungpflanzen entwickeln sich bei später Aussaat in heißen Sommern außerdem nicht so zügig, sodass ein Erfolg nicht garantiert werden kann. Säen Sie also lieber früher aus oder ziehen Sie die Pflanzen vor. Bei früher Pflanzung ist eine Ernte im Spätsommer möglich, und bei guter Witterung und schnellem Wachstum können die ersten jungen Blätter bereits im Juli geschnitten werden. Pflücken Sie die Blätter von unten nach oben. Bis zum ersten Frost ist eine Ernte möglich.

Der Geschmack von Toskanischem Palmkohl, auch als Schwarzkohl bekannt, ist milder als der vom Grünkohl. Die Blätter können klein geschnitten auch Salaten zugegeben werden.

Butterkohl

Diese frühe Form des Wirsings bildet nicht so feste Köpfe und hat auch nicht ganz so blasig aufgeworfene Blätter. Aus unserem Speiseplan ist er schon seit Langem verschwunden, denn der kommerzielle Anbau dieses Kohls lohnt sich nicht. Die Köpfe entwickeln sich nicht einheitlich und eine mehrmalige Ernte der Blätter von unten nach oben ist nötig. Doch was für den Erwerbsanbau zu aufwendig ist, passt gut in den Hausgarten. Hier ist gerade das mehrmalige frische Ernten für viele Mahlzeiten gewünscht.

Foto: Mr. Fothergill's ltd.

So wird's gemacht

Eine Aussaat im Freiland von März bis Mai ist zwar möglich, besser ist es jedoch, die Pflanzen vorzuziehen und sie dann Mitte bis Ende April im Abstand von 50 x 50 cm auszupflanzen. Butterkohl ist robust und verträgt auch leichte Fröste. Die Sorte 'Bloemendaalse Gele' (Foto S. 27) ist im Handel erhältlich. Ernten Sie nur die äußeren Blätter und schonen Sie die Herzblätter, denn auf diese Weise wachsen immer neue Blätter nach und eine lange Ernte ist möglich.

Butterkohl ist zart bis kräftig im Geschmack, jedoch ohne den typischen Kohlcharakter, denn der Gehalt an Senfölen ist viel geringer. Man kann ihn gedünstet oder gebraten zubereiten, in Gemüseeintöpfe geben oder in Streifen geschnitten zu Fleischgerichten geben. 'Bloemendaal Geele' ist eine Sorte, die im Hausgarten angebaut werden kann.

Filderkraut

Diese süddeutsche Spezialität kann als etwas festerer Spitzkohl bezeichnet werden und hat seinen Ursprung wahrscheinlich in der fruchtbaren Hochebene südlich von Stuttgart, den Fildern. Der fein gerippte, spitz zulaufende Kopf ist viel zarter als gewöhnlicher Weißkohl, und es lässt sich daraus ein exzellentes Sauerkraut herstellen, das als Delikatesse gehandelt wird.

Foto: pixelio.de/wrw

Mit einer Voranzucht der Pflanzen Anfang April und dem späteren Auspflanzen gelingt der Anbau sicher. Filderkraut ist sehr druckempfindlich und darf bei einer Lagerung nicht übereinandergelegt werden. Am besten verwendet man die spitzen Köpfe frisch oder als Sauerkraut. Auch tiefgefrieren ist möglich.

Ewiger Kohl

Der Name ist Programm, und der Ewige Kohl (Foto S. 29), auch als Stauden-Kohl, Strauch-Kohl oder Tausendkopf-Kohl bekannt, ist eine Besonderheit unter den Kohlgemüsen. Er blüht und fruchtet nicht, sondern wächst staudenartig über mehrere Jahre. Ein (fast) ganzjähriges Ernten ist deshalb möglich. Der Ewige Kohl ist wahrscheinlich dem ursprünglichen Wildkohl am ähnlichsten. Er bildet lockere Blätter, keinen geschlossenen Kopf, die zu jeder Zeit geschnitten werden können.

Der mehrjährige Kohl kann bis zu 100 cm hoch werden und verzweigt sich strauchartig. Die verholzenden Stängel tragen zu diesem äußeren Erscheinungsbild bei.

So wird's gemacht

Wie alle Kohlarten benötigt er eine gute Nährstoffversorgung und ausreichend Wasser. Pflanzen Sie ihn an einen sonnigen bis halbschattigen Platz, der Möglichkeiten zur Ausbreitung lässt. Bei guter Pflege kann eine Pflanze schon mal 1 m^2 beanspruchen.

Am besten zieht man einige Pflanzen im Haus vor, die ab April ins Freie gepflanzt werden. Eine Vermehrung erfolgt dann ausschließlich über Stecklinge. Dazu werden junge Seitentriebe im März geschnitten, die man in Anzuchterde oder einem Erde-Sand-Gemisch bewurzeln lässt. Ab Mitte Mai können sie bereits ausgepflanzt werden.

Zubereitet wird der Ewige Kohl wie Wirsing oder Weißkohl.

Anbau und Pflege

Alle Kohlarten und -sorten zählen zu den Starkzehrern, das heißt, sie haben ein hohes Nährstoffbedürfnis. Versorgen Sie die Pflanzen deshalb regelmäßig mit Kompost, organischem Dünger wie Hornspäne und Brennnesseljauche. Wichtig für ein gutes Wachstum ist außerdem die ausreichende Versorgung mit Wasser. Ein humoser tiefgründiger Boden, der die Feuchtigkeit gut hält, kommt dem Kohl entgegen. Kohl ist für einige Schädlinge anfällig, zum Beispiel Weiße Fliege, Kohlweißling und Kohldrehherzmücke. Am effektivsten hilft ein feinmaschiges Netz, das über die Jungpflanzen gelegt wird, um die Eiablage zu verhindern.

Schnellinfo

Aussaat/Pflanzung: März bis Mai.
Ansprüche im Garten: Tiefgründiger humoser Boden, gute Wasserversorgung, sonnig bis halbschattig, gute Nährstoffversorgung.
So können die Pflanzen genutzt werden: Blätter oder der ganze Kopf können roh verzehrt oder gekocht, gedünstet, gebraten werden.
Besonderheiten: Ewiger Kohl wächst staudenartig, Toskanischer Kohl hat hohen Zierwert.

Für Kasten und Kübel geeignet

Mai- und Herbstrübchen

Es handelt sich bei den Mairübchen (nicht nur) um eine Frühjahrsdelikatesse, die leicht im Garten und auch in ausreichend tiefen Töpfen und Kästen angebaut werden kann. Mairübchen *(Brassica rapa* subsp. *rapa)* besitzen zartschmelzendes Fleisch, das geschmacklich an jungen Kohlrabi erinnert. Manche Feinschmecker entdecken auch einen Hauch von Meerrettich.

Neben den Mai- und Herbstrübchen sind aus der Ausgangsart *Brassica rapa* weitere verschiedene Formen entstanden, die vor allem in früheren Zeiten, aber auch heute wieder vermehrt gärtnerisch genutzt werden: Rübsen, Chinakohl, Rübstiel, Pak Choi und Mizuna. Alle Gemüse zeichnen sich durch eine rasche Wüchsigkeit aus.

Je nach Sorte gibt es runde bis längliche und gebogene Rübenformen, deren Farbspektrum von Weiß über Fleischfarben bis hin zu Gelb, Braun und Violett reicht. Die schnellwüchsige Sorte 'Ulmer Ochsenhörner' bildet zum Beispiel längliche Rüben in Weiß-Violett mit mildem Geschmack. 'Blanc dur d'hiver' bildet weiße Rüben, die sogar über den Winter im Freien bleiben können. Eine Abdeckung mit Vlies ist aber zu empfehlen. Etwas kräftiger im Geschmack ist die Sorte 'Borfelder'.

So wird's gemacht

Mairübchen werden Anfang März ausgesät und können bereits 6–8 Wochen später geerntet werden. Bei einem Abstand von 10 x 20 cm gedeihen sie am besten. Sie sind relativ anspruchslos und wachsen auf lehmigen Böden ebenso gut wie auf sandigen. Besonders so früh im Jahr sind Mairübchen willkommene Vitaminlieferanten, und neben den Vitaminen enthalten sie außerdem reichlich Mineralstoffe und Eiweiß.

Eine Aussaat im Juli ist ebenfalls möglich. Um diese Zeit werden viele Flächen im Garten bereits frei, sodass das Gemüse gut als Folgesaat dienen kann. Die Ernte folgt im September/Oktober.

Besonderheit: Stielmus

Stielmus oder Rübstiel zählt ebenfalls zu *Brassica rapa*, allerdings bildet das Gemüse nur kleine Rübchen. Genutzt werden die Blätter und Stiele. Heutzutage ist es ein typisches Frühjahrsgemüse mit fein säuerlichem Geschmack. Früher wurde es dagegen vornehmlich im Herbst geerntet. Die Stängel wurden entblättert, klein geschnitten, blanchiert und ähnlich wie Sauerkraut haltbar gemacht.

Schnellinfo

Aussaat/Pflanzung:
März bis April oder Juli bis August.
Ansprüche im Garten: Eine anspruchslose Pflanze für sonnige bis halbschattige Standorte.
So können die Pflanzen genutzt werden:
Die Rübchen kochen oder roh zu einer Art Sauerkraut, dem Rübenkraut, verarbeiten; beim rohen Verzehr sollte die Schale entfernt werden.
Empfehlenswerte Sorten:
'Borfelder', 'Ulmer Ochsenhörner', 'Blanc dur d'hiver', 'Goldball'.
Besonderheiten: Früher Vitaminlieferant, als Folgefrucht im Herbst auf frei gewordenen Flächen geeignet.

Für die Küche

Wie Sauerkraut eingesäuerte Mai- und Herbstrübchen werden als Rübenkraut bezeichnet, das den Winter über gegessen werden kann. Die Rübchen können zwar auch roh verzehrt werden, allerdings sollte man sie dann zuvor schälen, um die Schärfe etwas abzumildern. Die Blätter kann man wie Spinat verarbeiten.

Mangold

Schon seit Längerem wird Mangold *(Beta vulgaris)* als Geheimtipp und leckere Spezialität unter den Gemüseraritäten-Liebhabern gehandelt. Im Wuchs ähnelt er der Zucker- und Futterrübe unserer landwirtschaftlichen Felder, mit denen er auch verwandt ist, denn er zählt ebenfalls zu den Gänsefußgewächsen. Ein verwandtschaftliches Verhältnis besteht außerdem zu den Gartengemüsen Rote Bete und Spinat. Bei der Fruchtfolge sollten Sie darauf achten und Mangold nicht nach diesen Gemüsen anbauen.

Es gibt zwei Varietäten beim Mangold: den Schnitt- oder Blattmangold und den Stiel- oder Rippenmangold. Beim Stielmangold sind die Stiele sehr groß, während das Blatt eher klein bleibt; beim Blattmangold wird vornehmlich das Blatt genutzt und ist dementsprechend auch größer. Aber im Garten wird nicht immer auf eine dieser beiden Merkmale Wert gelegt, meistens wird eine Sorte gewählt, die sowohl ein großes Blatt als auch einen kräftigen Stiel entwickelt. Die Sorte ‘Walliser’ hat beispielsweise weiße Stiele und kräftig grüne Blätter. Sie ist ein typischer Stielmangold. Die Sorte ‘Lucullus’ ist ein Blattmangold mit hellgrüner Färbung und einem krausen, aber sehr zarten Blatt. Leuchtend gelbe Blattstiele hat ‘Bright Yellow’; ‘Rhubard Chard’ hat leuchtend rote, allerdings sehr schmale Blattstiele mit rotgrünen Blättern. Und dann gibt es auch noch eine empfehlenswerte neue Züchtung aus Neuseeland, 'Bright Lights', die viele alte Sorten mischt: dunkles und helles Laub mit pinkfarbenen, roten und gelben Blattadern.

Mangold entwickelt tiefe Wurzeln und benötigt deshalb auch einen tiefgründigen Boden, der nährstoffreich sein sollte. Am besten versorgt man den Boden bereits vor der Aussaat mit Kompost, denn die Pflanzen benötigen zu ihrer Entwicklung eine gute Nährstoffversorgung. Das Gemüse zählt zu den attraktivsten Blattpflanzen, denn die bunten Blätter, Blattzeichnungen und Farben der Stiele beleben jeden Garten, aber auch Blumenbeete und sogar Blumenkästen, die allerdings ausreichend tief sein sollten. Als Standort bieten sich sonnige Plätze an, er gedeiht aber auch auf halbschattigen Standorten.

So wird's gemacht

Die knäuelartigen Samen werden ab April bis zum Juni ausgesät, ernten kann man dann ab Juli bis in den November. Erfahrungsgemäß ist der Blattmangold frostfest und kann noch bis zum nächsten Frühjahr geerntet werden, während der Stielmangold nicht so frostfest ist. Eine Abdeckung, zum Beispiel mit Reisig oder einem Vlies, schützt die Pflanzen. Da Mangold zweijährig ist, können Sie noch eine Ernte im nächsten Frühjahr nach der Aussaat schneiden, dann bildet die Pflanze Blüten. Man schneidet immer nur die äußeren Blätter und lässt das Herzblatt im Inneren stehen. Auf diese Weise sind mehrere Ernten pro Saison möglich.

Für die Küche

Blattmangold bereitet man wie Spinat zu, Stielmangold wie Spargel. Er sollte nach der Ernte nicht zu lange aufgehoben werden, sonst wird er weich und bitter.

Foto: Dr. Brunhilde Br… Burkhardt

Schnellinfo

Aussaat/Pflanzung: April bis Juni.
Ansprüche im Garten: Sonniger bis halbschattiger Platz, tiefgründiger Boden, hoher Nährstoffbedarf.
So können die Pflanzen genutzt werden: Blattmangold wie Spinat, Stielmangold ähnlich wie Spargel, als Zierstaude im Blumenbeet.
Empfehlenswerte Sorten: 'Bright Lights' mit bunten Stielen, 'Lucullus' (Blattmangold), 'Walliser' (Stielmangold).
Besonderheiten: Intensiv leuchtende Stiele und schöne Blattzeichnungen, lange Erntezeit, hoher Ertrag.

Für Kasten und Kübel geeignet

Foto: Arche Noah

Meerrettich

Bekannt ist Meerrettich *(Amoracia rusticana)* in Österreich und Teilen Deutschlands vor allem unter der Bezeichnung Kren. Die meisten Menschen kennen Meerrettich allerdings nur aus der Tube oder aus dem Glas, dabei ist ein Anbau im Garten durchaus möglich und der Meerrettich aus dem eigenen Garten hat einen ganz besonders intensiven Geschmack. Für eine Kultivierung im Garten spricht auch, dass sich die Meerrettichstangen gut lagern und aufbewahren lassen, sodass man über eine längere Zeit frischen Meerrettich verwerten kann.

Meerrettich zählt zur Familie der Kreuzblütler und ist eine mehrjährige Pflanze. Im Garten wird sie aber meistens einjährig kultiviert. Die Seitentriebe der Stangen, die sogenannten Fechser, kann man kaufen oder von vorhandenen Pflanzen abnehmen, um sie im neuen Jahr wieder zu stecken. Der Boden sollte für die Meerrettichwurzeln tiefgründig und ausreichend feucht, aber nicht nass sein.

So wird's gemacht

Geerntet wird in den Monaten mit „r", denn zu dieser Zeit lassen sich die Stangen besser lagern, und zwar bis zu einem halben Jahr. Man entfernt beim Ernten die Seitentriebe von der Hauptwurzel und erhält so neben den für die Küche verwertbaren Stangen gleich noch die Fechser. Zur Vermehrung werden nur starke Seitentriebe benutzt. Sie sollten mindestens

Schnellinfo

Aussaat/Pflanzung: Fechser werden im März und April gesteckt.
Ansprüche im Garten: Tiefgründiger, humoser, nicht zu nährstoffreicher Boden mit ausreichender Wasserversorgung.
So können die Pflanzen genutzt werden: Die Wurzeln können bis zu einem halben Jahr gelagert werden; man reibt sie oder schneidet sie in Stücke und dünstet sie.
Empfehlenswerte Sorten: Besondere Sorten gibt es nicht, allerdings sind regional unterschiedliche Varianten entstanden.
Besonderheiten: Die Stangen sind fast geruchlos, das scharfe Aroma entfaltet sich erst beim Reiben und Schneiden. Meerrettich wurde schon früh als Heilmittel verwendet.

Foto: fotolia

1–2 cm dick sein und werden in etwa 30 cm lange Stücke geschnitten. In feuchten Sand eingeschlagen überwintern die Stücke, bis sie im nächsten Jahr im März/April gesteckt werden. Es ist wichtig, dass dabei das obere Ende wieder so gesteckt wird, dass es nach oben zeigt. Reiben Sie vor dem Pflanzen alle Knospen und Wurzeln ab, die sich gebildet haben, es dürfen nur die oberen und unteren stehen bleiben. Das ist die beste Methode, um gerade, kräftige Stangen zu bekommen. Wer nicht ganz so großen Wert auf gleichmäßige Stangen legt, kann natürlich auch die Wurzelstücke so belassen. Die Fechser werden schräg in die Erde gesteckt, wobei das Kopfende 5 cm mit Erde bedeckt sein sollte, das Wurzelende 10 cm und mehr. Halten Sie beim Pflanzen einen Abstand von 80 cm ein.

Schon kleinste Wurzelstücke treiben neu aus, es ist deshalb ratsam, alle Wurzeln bei der Ernte aus dem Boden zu holen.

Aus Japan stammt der Japanische Meerrettich, besser bekannt als Wasabi, der mit seinen apfelgrünen Rhizomen Chips und ähnliche Knabbereien zu scharfen Köstlichkeiten verzaubert.

Für die Küche

Die geriebenen Wurzeln haben einen scharfen aromatischen Geschmack und passen hervorragend zu scharf angebratenem Fleisch, gekochtem Rindfleisch und zu Fisch. Durch Zugabe von Sahne wird die Schärfe abgemildert.

Neuseeländer Spinat

In Zeiten des Klimawandels könnte Neuseeländer Spinat *(Tetragonia tetragonioides)* wieder an Bedeutung gewinnen, momentan zählt er aber noch zu den Raritäten im Gemüsebeet und auf dem Speiseplan, und dabei zeichnen ihn einige interessante Aspekte im Anbau aus. In Bezug auf die Inhaltsstoffe sind Neuseeländer Spinat und Gartenspinat *(Spinacia oleracea)* vergleichbar. Neuseeländer Spinat enthält nicht ganz so viel Eisen, aber immer noch mehr als andere Gemüsearten.

Neuseeländer Spinat ist in seiner Heimat mehrjährig, wird bei uns aber einjährig kultiviert. Aufgrund der guten Trockenheitsverträglichkeit können die dreieckigen fleischigen Blätter und die zarten Triebspitzen den ganzen Sommer über geerntet werden, und weil er sich so üppig entwickelt, genügen zur Deckung des Spinatbedarfs für eine vierköpfige Familie 3–4 Pflanzen.

So wird's gemacht

Die Samen des Eiskrautgewächses keimen sehr langsam. Am besten ist es, sie 24 Stunden vor der Aussaat in lauwarmem Wasser vorzuquellen. Bis zur Keimung können 3–4 Wochen vergehen, deshalb ist es ratsam, zunächst ab Ende März die Samen im Haus beziehungsweise unter Glas vorzuziehen. Bei Bodentemperaturen von 20–25 °C keimen die Samen zuverlässig und die jungen Pflanzen können nach den Eisheiligen an Ort und Stelle gepflanzt werden. Bis das Wachstum richtig „in Fahrt kommt", dauert es noch einige Zeit, doch dann entwickeln sich bis zu 1 m lange Sprosse und die Spinatpflanzen ähneln kleinen Büschen. Um den Boden bis zur endgültigen Größe der Pflanzen nicht ungeschützt liegen zu lassen und um das Unkrautwachstum zu unterdrücken, können als Unterpflanzung schnell wachsende Kulturen, wie Radieschen und Salat, dienen. Wird bei warmen Temperaturen im Mai im Freien ausgesät, sollte man den Platz unbedingt markieren und den umgebenden Boden unkrautfrei halten. Jede Pflanze benötigt etwa 1 m^2 Platz!

Damit sich der Neuseeländer Spinat gut verzweigt, entspitzt man die Pflanzen wöchentlich. Ab Juli kann geerntet werden, und zwar die jungen Triebspitzen und die jungen Blätter. Pflücken Sie aber nicht zu viele Blätter und Triebe, um die Pflanze nicht zu sehr zu schwächen.

Neuseeländer Spinat ist sehr trockenheitsverträglich, dankt ein Wässern in sehr trockenen Zeiten allerdings mit einem guten Wachstum. Da der Neuseeländer Spinat frostempfindlich ist, wird er ab Oktober mit einem Schutzvlies abgedeckt und kann dann noch bis zu den ersten Frösten geerntet werden. In ausreichend großen Kübeln lohnt sich auch ein Anbau auf der sonnigen Terrasse.

Für die Küche

Die ganz jungen Triebspitzen vom Neuseeländer Spinat schmecken auch roh gut, ansonsten wird das Gemüse vor dem Verzehr gedünstet. Durch die etwas dickeren fleischigen Blätter ist der Geschmack auch intensiver und eine echte Bereicherung des Speiseplans.

Schnellinfo

Aussaat/Pflanzung: Voranzucht Ende März, Auspflanzen nach den Eisheiligen.
Ansprüche im Garten: Anspruchsloses Gemüse mit geringem Nährstoffbedarf, sehr trockenheitsverträglich.
So können die Pflanzen genutzt werden: Junge Triebspitzen und Blätter werden gedünstet und ähnlich wie Spinat verwertet, Einfrieren ist möglich.
Empfehlenswerte Sorten: Nennenswerte Sorten sind nicht im Handel erhältlich.
Besonderheiten: Schon 3–4 Pflanzen decken den Spinatbedarf einer vierköpfigen Familie.

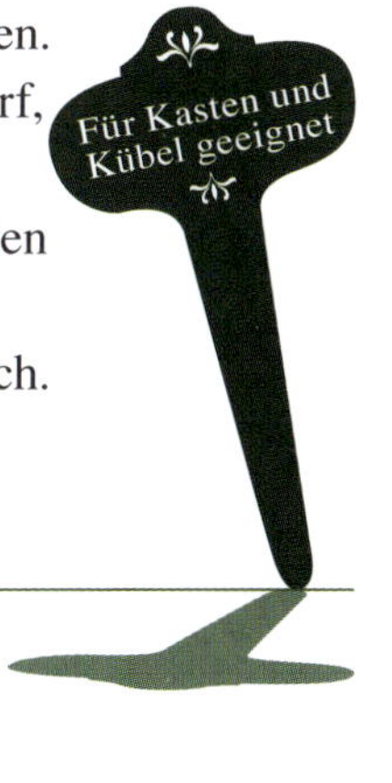

Pastinake

Dieses leckere Wurzelgemüse war lange Zeit ein Grundnahrungsmittel, wurde dann aber von den feiner schmeckenden Möhren und auch von Kartoffeln vom Speiseplan verdrängt. Eine andere Bezeichnung für Pastinake, Welsche Petersilie, zeigt die nahe Verwandtschaft zur Petersilie. Als Wildpflanze kommt sie in Europa und Nordasien vor und wird heute vor allem in England, Frankreich und USA angebaut.

Mittlerweile bekommt man aber auch in Deutschland und Österreich auf dem Markt, in Bio- und Feinkostläden wieder Pastinaken zu kaufen; aber auch ein Anbau im Garten lohnt, denn der Doldenblütler ist sehr pflegeleicht und robust.

So wird's gemacht

Pastinaken *(Pastinaca sativa)* können ab März ausgesät werden, allerdings keimen die Samen sehr schlecht. Das Saatgut ist lediglich zwei Jahre keimfähig, sodass am besten immer neuer Samen bestellt wird. Wenn die Reihen allzu licht sind, kann bis Ende Juni auch noch nachgesät werden. Erfahrungsgemäß ist es besser, später, also ab April, mit der Aussaat zu beginnen, denn dann ist die Entwicklung erheblich gleichmäßiger.

Die Samen werden nach dem Aufgang auf 15–20 cm vereinzelt, zwischen den Reihen sollte 30 cm Abstand sein. Damit sich die Wurzeln gut entwickeln, ist ein humusreicher, lockerer und gut mit Wasser versorgter Boden idealer Ausgangspunkt. Pastinaken benötigen als Starkzehrer eine gute Nährstoffversorgung.

Pastinaken sind nur wenig anfällig gegenüber Schädlingen. Mitunter kann die Möhrenfliege Probleme machen, aber sie richtet nicht so große Schäden an wie bei der Möhre selbst. Da die Pflanzen sehr winterhart sind, können sie im Freien überwintern, sodass man sie, wenn der Boden nicht gefroren ist, nach Bedarf ernten kann.

Sorten

Verschiedene Sorten können für den Hausgarten empfohlen werden. Es gibt Sorten mit rundlichen Wurzeln, wie 'White King'; andere bringen lange Wurzeln hervor wie 'Halblange Weiße' oder 'Aromata'. In ausreichend großen Kübeln und Töpfen können sie auch kultiviert werden.

Für die Küche

Pastinaken sind reich an Mineralstoffen, zum Beispiel Kalium, und ätherischen Ölen. Der Vitamingehalt ist dagegen nicht sehr hoch. Vor allem Vitamin C und E sind vertreten. Wegen des höheren Zuckergehalts sind sie im Geschmack süßer als Möhren.

Der Petersiliengeschmack der Wurzeln bleibt auch beim Kochen erhalten. Aus Pastinaken lassen sich sehr leckere Suppen, Pürees und Gemüse zubereiten, ihr feinwürziger Geschmack bereichert verschiedene Speisen. Sie können, abgebürstet und gewaschen, ungeschält verarbeitet werden.

Die Blätter der Pastinake können wie Petersilie zum Würzen verwendet werden. Blähendes Gemüse wird durch die Beigabe von Pastinake bekömmlicher.

Schnellinfo

Aussaat/Pflanzung: März bis Mai.
Ansprüche im Garten: Hoher Nährstoffbedarf, tiefgründiger humoser Boden mit guter Wasserführung.
So können die Pflanzen genutzt werden: Die Wurzeln für Suppen, Pürees und Gemüsegerichte; geschnittene Pastinaken können frittiert werden. Die Blätter zum Würzen von Suppen und Salaten.
Empfehlenswerte Sorten: 'White King', 'Halblange Weiße', 'Aromata'.
Besonderheiten: Bei Allergikern kann die Berührung mit grünen Pflanzenteilen toxische Hautreaktionen hervorrufen.

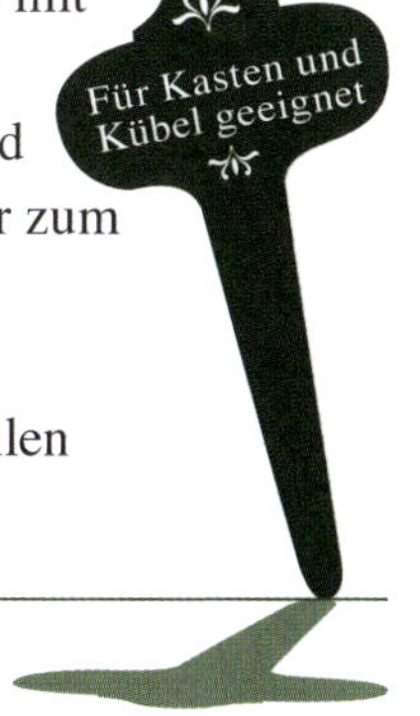

Schlangenradies

Rattenschwanzrettich (im Englischen: Rat tailed radish) und Mougri sind ebenfalls Namen für diese etwas absonderlich anmutende Pflanze, die 2004 Kinderpflanze des Jahres war. Schlangenradies *(Raphanus sativus* var. *mougri)* stammt ursprünglich aus Asien und wird dort auch heute noch gern gegessen. In Europa, vor allem in Deutschland, konnte sich die Varietät dagegen nicht so gut durchsetzen und ist eher ein „vergessenes" Gemüse und eine echte Rarität; das eng mit dem Schlangenradies verwandte Radieschen *(Raphanus sativus* var. *sativus)* hat es bei uns dagegen geschafft, die Märkte zu erobern.

Schlangenradies ist ein typisches Rettichgewächs, allerdings bilden sich keine verdickten Wurzeln. Der Spross wächst nach Aussaat und Aufgang in die Höhe und bildet nach dem Blühen Schoten, die gegessen werden. Sie sind gegenüber dem Radieschen eine echte Alternative auf sandigen Böden, auf denen Radieschen zur Madigkeit neigen.

Bevor sich die Schoten bilden, blühen die Pflanzen – zur Freude der Bienen. Für einen naturnahen Garten sind sie also schon deshalb gut geeignet. Und weil sie wie eine Kletterpflanze an Rankgerüsten oder Drähten nach oben geleitet werden sollten – sie werden immerhin 60–120 cm hoch –, kann man sie gut an Zäune setzen oder in Kübeln auf Balkon und Terrasse in die dritte Dimension mit ihnen gehen.

So wird's gemacht

Wie bei Radieschen beginnt die Aussaat im März. Ein sandiger Boden eignet sich, aber auch schwerere Böden, die allerdings tiefgründig sein müssen, damit sich die langen Wurzeln gut entwickeln können. Ein Reihenabstand von 50 cm sollte eingehalten werden; in der Reihe sollte etwa 20 cm Abstand zwischen den Pflanzen bestehen. Die Samen sind viel dicker als Radieschensamen; sie werden im Abstand von 2 cm gelegt. Um eine gewisse Standfestigkeit zu erreichen, häufelt man die Pflanzen an und leitet sie an einem Draht oder Rankgerüst nach oben. Etwa 7 Wochen nach der Aussaat beginnt die Ernte. Beißen Sie probehalber in eine Schote hinein, um die Reife festzustellen. Sie muss knackig und genießbar sein.

Die Schoten sind grün und violett und werden etwa 10–15 cm lang und mehr oder weniger eingeschnürt, wie bei einer Perlenkette. Nach der Ernte sollten die Schlangenradies, genauso wie Radieschen, möglichst rasch verzehrt werden. Sie halten sich im Kühlschrank noch etwa einen Tag, dann verlieren sie ihre Knackigkeit und Festigkeit.

Für die Küche

Die Schoten schmecken, richtig geerntet, knackig und scharf würzig, sind aber nicht zu scharf. Sie eignen sich hervorragend als Fingerfood und kleiner Snack zwischendurch. Außerdem kann man sie essen wie Radieschen, man kann sie in Quark dippen, das Butterbrot mit Scheiben belegen, als Salat verarbeiten. Zu asiatischen Gerichten passen Schlangenradies sehr gut. Sollte die Ernte besonders gut ausfallen und den täglichen Bedarf überschreiten, legt man sie ein wie saure Gurken und hat auch noch im Winter etwas davon.

Schnellinfo

Aussaat/Pflanzung: März bis Juni.
Ansprüche im Garten: Ein eher sandiger, aber auch schwerer Boden, der tiefgründig sein sollte; sonniger Platz; Drähte oder Rankgerüst anbringen.
So können die Pflanzen genutzt werden: Wie Radieschen, als Fingerfood, Snack, für Kinder geeignet, mit Quark, als Salat, eingelegt.
Empfehlenswerte Sorten: Spezielle Sorten sind nicht im Handel.
Besonderheiten: Lange Erntezeit, sehr interessant aussehende Schoten, die Pflanzen müssen hochgebunden werden.

Foto: pixelio.de/Annamartha

Schwarzer Rettich

Bereits ab dem 9. Jahrhundert wurden Rettiche, auch Schwarze Rettiche *(Raphanus sativis* var. *niger)*, in Klostergärten angebaut und hauptsächlich zu Heilzwecken verwendet. Bis ins 20. Jahrhundert war der Anbau in Europa relativ hoch, danach verschwanden vor allem die Schwarzen Rettiche wieder von unserem Speiseplan. Bis dahin war das Gemüse beliebt und eine echte Bereicherung, denn es liefert in den Herbst- und Wintermonaten etwas Frisches. Außerdem lässt sich Schwarzer Rettich lange Zeit einlagern. Wahrscheinlich hat auch die Globalisierung ihren Teil zum Verschwinden der Kultur beigetragen, denn es stehen Salate, Gemüse und Obst ganzjährig in Hülle und Fülle zur Verfügung.

In Asien ist die Beliebtheit dagegen ungebrochen, und mittlerweile finden sich auch bei uns wieder mehr Liebhaber, die auf regionale und saisonale frische Gemüse großen Wert legen. In Bayern und Baden-Württemberg ist der Verbrauch allerdings noch erheblich höher als in anderen Bundesländern.

Der Schwarze Rettich zählt zu den Winterrettichen. Er wird unter anderem angeboten als 'Runder Schwarzer Winter', mit runder Rübe, oder als 'Langer Schwarzer Winter', mit langem Rübenkörper. Dann gibt es noch die Sorte 'Violetter Gournay' mit violetter Schale. Als Winterrettich ist auch eine weißschalige Sorte bekannt, nämlich 'Runder Weißer Winter'.

So wird's gemacht

Winterrettich ist anspruchslos. Ausgesät wird Mitte bis Ende Juli in flache Saatrillen. In der Reihe ist ein Abstand von 20 cm zwischen den Pflanzen für eine gute Entwicklung günstig, zwischen den Reihen sollte der Abstand 30 cm betragen. Er eignet sich gut als Nachfrucht, zum Beispiel nach frühen Bohnen und Salat. 3–4 Monate nach der Aussaat kann die Ernte beginnen. Von Oktober bis November können Sie die Rettiche nach Bedarf ernten; es werden auch noch leichte Fröste vertragen. Dann wird es aber Zeit, alle Pflanzen aus der Erde zu holen und in Sand einzuschlagen. So gelagert kann Schwarzer Rettich den Winter überdauern und nach Bedarf dem Lager entnommen werden.

Für die Küche

Die Schale ist schwarz, das Fleisch ist allerdings weiß. Die Schärfe des Winterrettichs wird von würzig bis sehr scharf beschrieben, je nach Geschmackstyp. Aufgrund der Schärfe wird er in Asien vor dem Verzehr gekocht, bei uns allerdings eher roh verspeist. Etwas Salz auf die Scheiben gestreut, mildert allerdings die Schärfe ab.

Rettich, so auch der Schwarze Rettich, ist in der Volksmedizin vor allem bei Atemwegserkrankungen effektiv. Ein Sirup aus Rettichsaft und Honig ist empfehlenswert. Außerdem enthält er viel Vitamin C und Kalium.

Schnellinfo

Aussaat/Pflanzung: Juli.
Ansprüche im Garten: Ein tiefgründiger Boden, sonniger Standort.
So können die Pflanzen genutzt werden: Roh als Salat, in Scheiben geschnitten, gekocht.
Empfehlenswerte Sorten: 'Runder Schwarzer Winter', 'Langer Schwarzer Winter', 'Violetter Gournay'.
Besonderheiten: Kann als Hustenmittel eingesetzt werden.

Schwarzwurzel

Die Garten-Schwarzwurzel *(Scorzonera hispanica)* ist zweijährig, entwickelt also im ersten Jahr eine lange Pfahlwurzel und im zweiten Jahr schöne gelbe Korbblütchen. Ihren Namen trägt sie ganz zu Recht; tatsächlich sind die Wurzeln schwarz, das Fleisch ist allerdings weiß. Die Wurzeln werden bei lockerem tiefgründigem Boden bis zu 30 cm lang und 4–5 cm dick.

Noch Anfang des letzten Jahrhunderts waren Schwarzwurzeln ein beliebtes Gemüse, weil sie einen hohen Nährwert haben und sättigend wirken, doch sie sind heute fast ganz aus unseren Gärten verschwunden. Das mag auch daran liegen, dass sie etwas arbeitsintensiver sind als anderes Gemüse. Doch dass sich der Aufwand lohnt, haben viele Liebhaber alter Gemüsearten kennen- und schätzen gelernt.

So wird's gemacht

Schwarzwurzeln haben eine sehr lange Vegetationszeit. Im Frühjahr, ab März, werden die stäbchenförmigen Samen in 5 cm tiefe Aussaatrillen gelegt. Die Reihen sollten einen Abstand von 30 cm haben; ist der Stand in der Reihe zu eng, müssen Sie auf 8 cm vereinzeln. Um die Keimung zu beschleunigen, kann man die Samen eine Stunde in einer Kräuterlösung einweichen. Als Markiersaat für die Reihen kann man Radieschen verwenden, die bis zum Keimen und Wachsen der Schwarzwurzeln geerntet sind.

Schwarzwurzeln sind Starkzehrer, sollten also gut mit Kompost versorgt werden. Am besten sät man auf einem nährstoffreichen, humosen Boden, der sehr tiefgründig sein muss, damit die Wurzeln gerade wachsen können, ohne die bekannte Beinigkeit zu entwickeln. Bei Trockenheit werden die Wurzeln holzig.

Wird im März/April ausgesät, kann ab Oktober geerntet werden. Dabei gräbt man zuerst mit dem Spaten vor der Reihe einen Graben, der dann nochmals eine Spatenlänge tiefer ausgehoben wird. Dann fasst man die Blätter einer Pflanze zusammen, lockert nochmals mit dem Spaten und zieht die Wurzel heraus, ohne sie abzubrechen. Sie können bei offenem Wetter den ganzen Winter durch ernten, denn in der Erde bleiben die Wurzeln frisch. Es kann aber auch auf einmal geerntet werden. Entweder schlägt man die Wurzeln dann in Sand ein, oder sie werden gesäubert, geschält, blanchiert und eingefroren.

Hin und wieder wird auch eine Aussaat im August empfohlen, sodass ab Februar geerntet werden kann. In kühlen und winterkalten Regionen hat sich diese Methode aber nicht bewährt, zumal das Fleisch der Schwarzwurzeln etwas härter wird und außerdem Mäuse sich an den Wurzeln gütlich tun.

Für die Küche

Bei der Zubereitung von Schwarzwurzeln sollten Sie sich Handschuhe anziehen, denn der Milchsaft färbt die Hände braun. Die Wurzeln werden am besten schon im Freien oder in der Waschküche gesäubert und dann geschält. Anschließend legt man sie nun am besten in Milch, damit sie sich nicht dunkel verfärben. Die Zubereitung ist ähnlich wie bei Spargeln: Entweder schneidet man sie in Stücke, gart sie und macht eine helle Mehlschwitze oder man lässt die Stangen ganz und bereitet sie als Gemüse zu.

Schnellinfo

Aussaat/Pflanzung: März/April oder August.
Ansprüche im Garten: Ein tiefgründiger, nährstoffreicher Boden, hoher Nährstoffbedarf.
So können die Pflanzen genutzt werden: Die Wurzeln als Gemüse ähnlich wie Spargel, die Blätter als Salat.
Empfehlenswerte Sorten: „Hoffmanns Schwarze Pfahl“, „Schwarzer Peter“.
Besonderheiten: Sättigendes Gemüse mit hohem Nährwert.

Spargel

Nein, der Spargel *(Asparagus officinalis)*, hauptsächlich der Bleichspargel, kann nicht als vergessenes Gemüse angesehen werden. Eine Pflanze mit langer und alter Tradition ist er allerdings schon, denn bereits vor über 2000 Jahren wurde er als Heilpflanze genutzt.

Vor allem in Deutschland ist der Bleichspargel beliebt. Im Frühsommer wird er kiloweise auf dem Markt und direkt beim Erzeuger gekauft und als Edelgemüse zubereitet und verspeist. In den Gemüsegärten wird dagegen kaum noch Spargel angebaut, und das liegt sicher auch an der etwas aufwendigen Anbauweise, vor allem beim Bleichspargel. Zu den Raritäten kann allerdings der Grünspargel gezählt werden, der seit einigen Jahren wieder vermehrt nachgefragt wird und in Frankreich sogar beliebter ist als der „bleiche“ Bruder. Dem Grünspargel soll in diesem Kapitel besondere Aufmerksamkeit geschenkt werden. Er führt bei uns immer noch ein etwas „stiefkindliches“ Dasein, obwohl er leichter im Anbau ist als Bleichspargel, mehr Inhaltsstoffe hat und herzhafter schmeckt. Außerdem muss Grünspargel fast nie geschält werden.

Unterschiede

Wesentlicher Unterschied ist die Anbauweise. Grüner und weißer Spargel unterscheiden sich botanisch gesehen aber kaum. Wird Bleichspargel nicht sofort nach dem Sprießen gestochen und wächst dem Licht entgegen, verfärbt er sich aufgrund des entstehenden Chlorophylls genauso wie Grünspargel. Damit schöne lange weiße Stangen geerntet werden können, hat sich die Kultur auf Dämmen bewährt. Allerdings gibt es für Grün- und Bleichspargel unterschiedliche Sorten, denn beim Bleichspargel kommt es meistens zu einer eher violetten Verfärbung bei Sonneneinwirkung. Grünspargelsorten enthalten weniger Anthocyan, das ist der Farbstoff, der für die violette Verfärbung verantwortlich ist.

Für Grünspargel müssen also keine Dämme angelegt werden, und er kann den ganzen Tag über geerntet werden. Beide Spargelarten entwickeln vor allem in milderem Klima an sonnigem Standort, wo sich der Boden schon früh im Jahr erwärmt, zarte Stangen. Bleichspargel benötigt sandige Böden ohne viele Steine, denn nur dann können die Stangen gerade wachsen. Grünspargel ist etwas anspruchsloser und nimmt auch schwerere Böden in Kauf; staunasse kalte Böden sind für den Anbau allerdings nicht geeignet.

Foto: fotolia

So wird's gemacht

Als mehrjährige Staude zieht Spargel im Herbst ein, um im Frühjahr wieder mit den zarten Trieben durch den Boden zu sprießen. Er bleibt mindestens zehn Jahre auf einem Platz, deshalb muss der Standort mit Bedacht ausgewählt werden. Warme sonnige Standorte, die nicht zu Staunässe neigen, sind ideal.

Vor der Pflanzung von Grünspargel im Frühjahr sollte bereits im Herbst der Boden tief gelockert werden. Von März bis April kann dann gepflanzt werden. Dafür hebt man einen 50 cm breiten und 25 cm tiefen Graben aus, der nochmals gelockert und anschließend mit gut verrottetem Kompost, und wenn möglich mit einem Dauerhumusträger wie Fulhumin, vermischt wird. Spargelpflanzen haben ein seesternartiges Wurzelwerk, das nun auf dem lockeren Boden ausgebreitet wird. Die Wurzelköpfe sollten etwa 15 cm tief liegen. Der Abstand der Pflanzen in der Reihe sollte etwa 35 cm betragen, zwischen den Reihen müssen 100 cm Abstand eingehalten werden. Mischen Sie unter die Erde zum Auffüllen

Foto: Floramedia

Kompost und Hornspäne, um die Pflanzen von Anfang an gut zu versorgen.

Erst ab dem dritten Pflanzjahr kann mit der Ernte begonnen werden. In den ersten beiden Jahren wird das Spargelkraut im Spätherbst abgestochen. Gedüngt wird im zeitigen Frühjahr mit etwa 2 kg Kompost/m², der flach eingearbeitet wird. Achten Sie darauf, dass die Wurzelköpfe der Pflanzen nicht beschädigt werden. Ab dem dritten Standjahr arbeitet man den Dünger nach der Ernte vorsichtig ein.

Eine Bodenlockerung im zeitigen Frühjahr bereitet den jungen Trieben einen guten Start, allerdings müssen Sie sehr vorsichtig vorgehen, um keine Spargelspitzen abzubrechen. Da grüner Spargel früher austreibt als weißer, sollten die Beete im Frühjahr mit einem Schutzvlies abgedeckt werden, damit Spätfröste keinen Schaden anrichten können.

Wichtig ist auch, dass der Boden einigermaßen unkrautfrei gehalten wird. Damit nicht zu viel Erde über eine so lange Zeit unbedeckt bleibt, kann man Mischkulturen anlegen, indem zwischen den Reihen Salat, Zwiebeln oder Lauch gesät und gepflanzt werden.

Die Ernte von grünem Spargel endet, wie auch beim weißen Spargel, an Johanni, dem 24. Juni. Dann bleibt noch genügend Zeit für die Pflanzen, Laub zu entwickeln und Kraft für die nächste Saison zu sammeln.

Bei einer Neuanlage des Spargelbeets muss unbedingt ein anderer Standort gewählt werden. Ein Nachbau auf demselben Beet ist nicht empfehlenswert.

Sorten

Beim Grünspargel sind vor allem die anthocyanfreien Sorten interessant, die beim Kochen eine intensiv grüne Färbung entwickeln. „Steiniva“ ist empfehlenswert. „Mary Washington“ ist hellgrün mit einem Hauch von Violett und muss nicht geschält werden.

Für die Küche

Man schneidet das Stangenende ab und schält Grünspargel nur im unteren Drittel, und zwar am besten von unten nach oben. Auf diese Weise merkt am besten, wann die Verholzungen verschwinden. Die Kochzeit ist abhängig von der Stangendicke und liegt zwischen 5 und 15 Minuten. Weißer Spargel muss geschält werden. Seine Kochzeit beträgt 15–20 Minuten. Seit einiger Zeit wird empfohlen, Spargel nicht zu kochen, sondern vor dem Verzehr kurz anzubraten. Probieren Sie es aus.

Grünspargel kann einige Tage im Kühlschrank aufbewahrt werden. Am frischesten bleiben die Stangen, wenn sie, möglichst luftdicht verpackt, in einem Behälter mit Wasser stehen. Man kann sie auch in ein feuchtes Leinen- oder Baumwolltuch einwickeln und bis zur Zubereitung kühlen. Zur längeren Haltbarmachung kann man Grünspargel einfrieren. Die Stangen werden gesäubert, aber ungekocht eingefroren.

Schnellinfo

Aussaat/Pflanzung: Mitte März bis Mitte April.
Ansprüche im Garten: Sonniger Standort, der Boden sollte sich früh im Jahr erwärmen, sandiger bis lehmiger Boden, tiefgründig.
So können die Pflanzen genutzt werden: Die Stangen werden im Frühjahr bis zum 24. Juni gestochen und gekocht oder kurz angebraten zubereitet.
Empfehlenswerte Sorten: „Mary Washington“, „Steiniva“ (Grünspargel).
Besonderheiten: Ernte erst ab dem dritten Standjahr, mindestens zehn Jahre nutzbar.

Spargelerbse

Der Name dieser interessanten, uralten Kulturpflanze ist Programm: Sie kann als Spargelersatz gegessen werden, dabei verwendet man die zarten jungen Hülsen und die Triebe wie Zuckererbsen.

Botanisch gesehen hat die Spargelerbse *(Tetragonolobus purpureus)* allerdings weder mit Spargel noch mit Erbsen etwas zu tun. Mancherorts kennt man sie auch unter dem Namen Kaffee-Erbse, denn aus ihren Samen kann ein Kaffeeersatz zubereitet werden. Dennoch wird ihr wenig Aufmerksamkeit gewidmet; eher noch findet man sie im Blumenbeet als im Nutzgarten, denn die Blüten sind eine echte Zierde.

Der einjährige Schmetterlingsblütler wächst buschig und erreicht eine Höhe von 30–60 cm.

So wird's gemacht

An sich ist die Spargelerbse sehr anspruchslos und unkompliziert. Am besten gedeiht sie aber auf leichten und zugleich nährstoffreichen Böden an einem sonnigen Standort. Eine Düngung ist nicht erforderlich. Ausgesät wird ab Anfang Mai mit einem Reihenabstand von 40 cm. Da die Keimphase sehr lange dauert, lohnt sich auch eine Vorkultur im April. Dazu sollte man die Samen einige Stunden in Wasser vorquellen. Ausgepflanzt werden die Setzlinge dann Mitte Mai im Abstand von 20 cm. Durch die Voranzucht verkürzt man die Kultivierungsdauer bis zur Ernte.

Ab Mitte Juni können die 3–6 cm großen, vierflügeligen kantigen Hülsen geerntet werden. Pflücken Sie nur die jungen zarten Hülsen und ernten Sie alle 2–3 Tage. Dadurch werden ständig neue Hülsen gebildet und Sie können bis zum September ernten. Ältere Hülsen werden holzig und schmecken nicht mehr gut.

Die Pflanzen entwickeln sich ähnlich wie Buschbohnen. Sie benötigen zwar keine Stützen, können sich aber gut an Zäune und Mauern anlehnen oder zwischen höher wachsenden Pflanzen als Unterpflanzung dienen, zum Beispiel bei Mais oder Tomaten.

Eine Kultivierung in Töpfen und Kübeln verschönert Balkon und Terrasse und liefert frisches Gemüse.

Für die Küche

Die Zubereitung der Spargelbohnen ist vergleichbar mit der von Zuckerschoten. Sie werden gedünstet und anschließend in Butter geschwenkt. Der Geschmack wird sehr unterschiedlich beschrieben. Für manche Menschen ist er ähnlich wie Spargel, andere vergleichen ihn mit Zuckerschoten, und auch ein an Bohnen erinnerndes Aroma wurde schon geschmeckt. Am besten probiert man es selbst aus. Die Samen wurden früher geröstet und als Kaffeeersatz eingesetzt. Das kann man natürlich auch heute noch testen, allerdings ist der Aufwand vergleichsweise hoch, denn die Samen sind sehr klein.

Schnellinfo

Für Kasten und Kübel geeignet

Aussaat/Pflanzung: Anfang Mai an Ort und Stelle, Pflanzung nach Voranzucht Mitte Mai.

Ansprüche im Garten: Anspruchslose Pflanze, die an sonnigem Standort auf lockerem Boden gut gedeiht.

So können die Pflanzen genutzt werden: Junge Hülsen und Triebe wie Zuckerschoten, Samen geröstet als Kaffeeersatz.

Empfehlenswerte Sorten: 'Rotblühende'.

Topinambur

Schon in früheren Zeiten stand Topinambur *(Helianthus tuberosus)* ganz oben auf dem Speisezettel, zu der Zeit, als die Kartoffel noch nicht etabliert war. Die Knollenpflanze stammt aus Nordamerika und wird bis zu 3 m hoch. Interessant ist das mit Sonnenblumen verwandte Gemüse auch wegen der schönen Blüten, die der einjährigen Sonnenblume ähneln und im September erscheinen. Allerdings hat Topinambur einen starken Ausbreitungsdrang, deshalb gibt man ihm einen abgelegenen Platz im Garten, baut eine Wurzelsperre ein oder kultiviert das schöne Gemüse gleich im Topf.

Im Gegensatz zu Kartoffeln enthalten Topinamburknollen keine Stärke, sondern Inulin. Für Diabetiker ist Topinambur deshalb eine hervorragende Alternative zu Kartoffeln.

Topinamburknollen sind je nach Sorte unterschiedlich geformt mit mehr oder weniger stark ausgeprägten Verdickungen und Ausbuchtungen. Zum Schälen sind sie nicht gut geeignet. Da die Schale aber sehr dünn ist, reicht ein gründliches Säubern.

Eine Verwandte des Topinamburs ist die Sonnenwurzel *(Helianthus strumosus)*. Ihre Knollen werden schmal und lang gestreckt, ohne Verdickungen aufzuweisen. Sie können problemlos geschält werden und sind dann auch besser verdaulich, denn geschälte Knollen blähen nicht so stark.

So wird's gemacht

Da Topinambur sehr hoch wird, sollten Sie einen Standort am Rand eines Beets suchen, wo die Pflanzen nicht so stören, kein Licht wegnehmen und sich außerdem ausbreiten können. Ansonsten ist Topinambur pflegeleicht und anspruchslos. Ab März bis April werden die Knollen ähnlich wie Kartoffeln gesetzt. Als Abstand sollte man 50 x 50 cm einhalten. Wie Kartoffeln wird auch Topinambur nach dem Aufgang angehäufelt, um die Standfestigkeit zu erhöhen. Die Blütenstängel können in Sträußen verarbeitet werden, außerdem kann man Blätter und Stiele auch an Kleintiere verfüttern.

Ab Ende Oktober können die Knollen geerntet werden. Im Winter friert die Staude zwar gänzlich zurück und zieht ein, die Knollen können aber durchaus auch bei tiefen Temperaturen im Boden überdauern. Wenn alle Knollen auf einmal geerntet werden sollen, kann man sie in Gartenerde an einem geschützten Platz lagern. Im Kühlen halten sie sich etwa vier Tage. Einige Knollen verbleiben immer in der Erde, die im nächsten Jahr wieder austreiben.

Nimmt der Ausbreitungsdrang bedenkliche Formen an, gräbt man im Herbst alle Knollen aus und bedeckt die Fläche zusätzlich noch mit Unkrautunterdrückungsfolie.

Für die Küche

Dünsten oder Anbraten sind die idealen Zubereitungsarten für Topinamburknollen, denn durch Kochen werden die Knollen fade. Der Geschmack kann als nussartig süßlich bezeichnet werden. Geschälte und blanchierte Knollen lassen sich auch einfrieren.

Schnellinfo

Aussaat/Pflanzung: März bis April.
Ansprüche im Garten: Sonniger Platz am Beetrand; da die Knollen sich gern ausbreiten, kann auch eine Wurzelsperre eingebaut werden.
So können die Pflanzen genutzt werden: Knollen für Salate, gedünstet, gebraten oder für Gratins.
Empfehlenswerte Sorten: 'Gföler Rote' (alte Sorte aus Österreich mit sehr nussigem Geschmack), 'Violo' (spätreifende Sorte mit rötlich violetten Knollen), 'Sonnenstrauß' (sehr frühe Sorte mit überreicher Blüte).
Besonderheiten: Zusätzlicher Zierwert durch schöne Blüten im Herbst, sehr ausbreitungsstark.

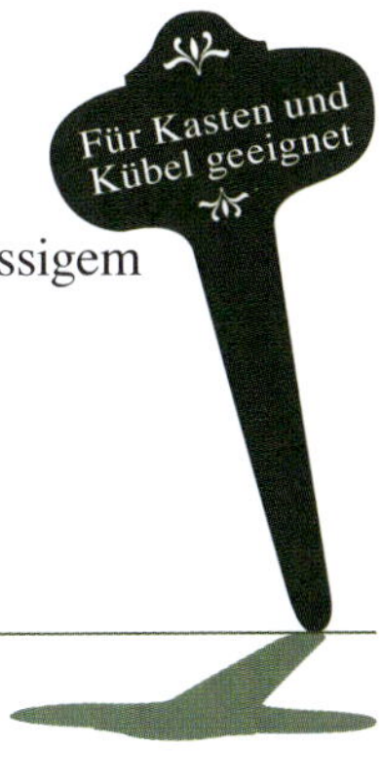

Winterheckzwiebel

Allium fistulosum ist wahrscheinlich von China über Russland zu uns gekommen und wurde ab dem Mittelalter in Kloster- und später auch in Bauerngärten angebaut. In China wird die Winterheckzwiebel noch heute in größerem Umfang angebaut. Die zur Gattung der Zwiebeln gehörende Pflanze bildet dichte Stöcke mit röhrenförmigen Blättern, den Schlotten, die schon sehr früh im Jahr, früher als Schnittlauch, austreiben. Die runden bis kegelförmigen Blütendolden sind typisch für Zwiebelgewächse und bei Hummeln sehr beliebt. Die unterirdischen Zwiebeln sind nur schwach verdickt und sind mit vielen Wurzeln besetzt. Genutzt werden deshalb nur die Schlotten.

Winterheckzwiebeln sind zum einen wertvoll als altes, zu erhaltendes Gemüse, zum anderen liefern sie das ganze Jahr über und für viele Jahre aromatisch würziges Grün, das vielseitig in der Küche Verwendung findet.

So wird's gemacht

Saatgut kann man bei wenigen Anbietern bekommen, die sich vor allem auf alte erhaltenswerte Arten und Sorten spezialisiert haben (siehe Nützliche Adressen, Seite 142). Von März bis Mai wird im Abstand von 25 x 10 cm ausgesät. Vom Aufgang bis zur späteren Nutzung dauert es einige Monate; da Winterheckzwiebeln aber mehrjährig sind, lohnt sich die Wartezeit, und am richtigen Standort wird man belohnt mit einer über lange Zeit möglichen Ernte.

Am besten gedeihen die Zwiebelgewächse auf nährstoffreichen, humosen Böden in sonniger Lage. Nach etwa vier Jahren sind die Stöcke meist erschöpft. Dann kann man sie teilen und an anderen Stellen platzieren. Eine neue Nutzung ist nach einer Teilung schneller möglich.

Schneiden Sie nie alle Blattschäfte ab, damit die Pflanze noch genug Kraft zur Regeneration hat.

Auch eine Kultivierung im Topf ist möglich. Meist reicht aufgrund des ausladenden Wuchses eine Pflanze pro Topf. Neben einer guten Wasserversorgung ist immer an eine ausreichende Nährstoffversorgung zu denken.

Foto: Floramedia

Schnellinfo

Aussaat/Pflanzung: Aussaat März bis Mai, Pflanzung nach Teilung im Herbst.
Ansprüche im Garten: Humoser nährstoffreicher Boden an sonnigem Standort.
So können die Pflanzen genutzt werden: Junge Stängel roh wie Schnittlauch, für Salate, gedünstet oder kurz angebraten für asiatische Gerichte, Suppen, Gratins.
Empfehlenswerte Sorten: 'Braunschalige', 'Reinweiße'.
Besonderheiten: Lange und fast ganzjährige Nutzung, da winterhart und mehrjährig.

Für Kasten und Kübel geeignet

Für die Küche

Winterheckzwiebeln sind vielseitig verwendbar. Junge frische Stängel können klein geschnitten wie Schnittlauch verwendet werden und zur Bevorratung auch gut eingefroren werden.

Die Stängel bereichern kurz angebraten oder gedünstet asiatische Wokgerichte, können ebenso wie Lauch zu Suppen und als Gemüse zubereitet werden.

Foto: Arche Noah

Die ARCHE NOAH

Von Ananassalbei bis Zuckerwurz

Im ARCHE NOAH Schaugarten wird Altes mit Neuem verbunden. Fast verloren gegangene Kulturpflanzen werden hier wieder lebendig, vermehrt, vor dem Aussterben bewahrt und weiterentwickelt.

Der ehemalige „Kuchlgarten“ des Schlosses liegt in dem kleinen österreichischen Örtchen Schiltern, malerisch eingebettet in die umliegenden Weinberge. In dem alten Schlossgarten, dem heutigen ARCHE NOAH Schaugarten, sind die barocken Strukturen weitgehend erhalten. Hauptattraktionen sind die über 500 vom Aussterben bedrohten, fast vergessenen Kulturpflanzen verschiedener Kräuter, Gemüse-, Getreide- und Färberpflanzen.

Wissen und Anbautipps zu den besonderen Pflanzen vermitteln fachkundige Mitarbeiter und Mitarbeiterinnen vor Ort. Der Verein ARCHE NOAH hat es sich zur Aufgabe gemacht, Sorten verschiedenster Kulturpflanzen zu erhalten und durch den Austausch von Saatgut zur Verbreitung beizutragen. Die Pflanzen sollen jedoch nicht einfach nur konserviert, sondern auch weiterentwickelt werden, sodass auch der Sprung vom Hausgarten zu einer marktfähigen Sorte möglich wird. Heute enthält das Sortenarchiv Samen von etwa 6000 verschiedenen Kulturpflanzensorten. Diese werden mithilfe von vielen Erhalterinnen und Erhaltern in Österreich und Deutschland regelmäßig wieder angebaut und so vor dem Aussterben bewahrt.

Es gibt also viel zum Mitnehmen bei einem Besuch des ARCHE NOAH Schaugartens: sei es Wissen über die Entstehung der Kulturpflanzenvielfalt oder seltenes Saatgut. Garantiert ist ein erlebnisreicher Tag für alle Sinne in einer außergewöhnlichen Gartenatmosphäre.

Jedes Jahr am 1. Mai gibt es den großen ARCHE NOAH-Jungpflanzenmarkt, und im August findet jährlich das ARCHE NOAH-Gartenfest der Vielfalt statt.

Die ARCHE NOAH-Feste bieten Verkostungen, Handwerksmarkt, bunte Bio-Kulinarik und die Möglichkeit, Gemüseraritäten, Pflanzen und Saatgut zu kaufen.

ARCHE NOAH

Obere Straße 40
3553 Schloss Schiltern
Österreich

Internet: www.arche-noah.at
Telefon: +43 27 34 86 26
E-Mail: info@arche-noah.at

ÖFFNUNGSZEITEN

April bis Oktober
Dienstag bis Freitag 10.00 bis 16.00 Uhr
An Wochenenden und Feiertagen
10.00 bis 18.00 Uhr

Montag ist der ARCHE NOAH Schaugarten geschlossen!

Kartoffeln

Foto: Floramedia

Foto: pixelio.de/Joujou

Alte Sorten in Hülle und Fülle

Kartoffeln – ein vergessenes Gemüse? Kartoffeln stehen doch schon jahrhundertelang auf dem Speiseplan ganz oben und zählen zu den Grundnahrungsmitteln. Allerdings gerieten alte Sorten lange Zeit in Vergessenheit, weil sie einfach nicht so ertragreich waren wie die Neuzüchtungen. Dass bei den meisten neuen Züchtungen zwar der Ernteertrag stieg, der Geschmack aber nicht immer den Erwartungen entsprach, merkte man erst später.

Derzeit entdecken ambitionierte Hobbygärtner und Feinschmecker die Kartoffel mit ihrer ganzen Vielfalt neu. Sie legen Wert auf geschmackliche Feinheiten, auf Farben und Formen der Knollen und möchten beobachten, wie die Kulturen im Garten gedeihen. Zur Blütezeit könnte man die Kartoffel sogar für eine Zierpflanze halten. Hobbyanbauer haben die Wahl unter sehr vielen Sorten mit unterschiedlichen Wuchseigenschaften und äußeren und inneren Qualitäten der Knollen. Und sie achten dabei auch auf die Kocheigenschaften und Verarbeitungsmöglichkeiten der Sorten.

'Bintje' (Foto: Floramedia)

Eine kleine Auswahl an Feinschmeckersorten

'Bamberger Hörnchen' ('Bamberger Hörnla'): länglich gekrümmt, gelbschaliger und rotschaliger Typ, festkochend, frühe Reife

'Bintje': rundovale große Knolle, gelbe Schale, hellgelbes Fleisch, vorwiegend festkochend, mittelfrühe Reife

'Blaue Mauritius': langovale Knolle, blaue Schale, blau-weiß marmoriertes Fleisch, vorwiegend festkochend, mittelspäte Reife

'Bamberger Hörnchen' (Foto: pixelio.de/Peter von Bechen)

'Vitelotte Noire' (Foto: fotolia.de/FOOD-micro)

'Blauer Schwede' (= 'Blue Congo'): rundovale Knolle; blaue Schale, blau-weiß marmoriertes Fleisch, vorwiegend festkochend, mittelfrühe Reife

'Blue Salad': rundovale Knolle, blaue Schale, blau marmoriertes Fleisch; festkochend, mittelfrühe Reife

'Hansa': ovale Knolle, gelbe Schale, hellgelbes Fleisch, festkochend, mittelfrühe Reife

'Highland Burgundy Red': langovale Knolle, rotschalig, innen ebenfalls rot, mehlig kochend, mittelspäte Reife

'Kefermarkt Zuchtstamm': sehr lang gezogene Knolle, rote Schale, rosa-weiß marmoriertes Fleisch, vorwiegend festkochend, mittelfrühe Reife

'La Ratte d'Ardeche' (ähnelt dem 'Bamberger Hörnchen'): fingerförmige Knollen, braunschalig, festes gelbes Fleisch, vorwiegend festkochend, mittelfrühe Reife

'Mandelkartoffel': länglich gekrümmte Form, sehr kleine Knollen mit dunkelgelbem Fleisch, festkochend, späte Reife

'Pink Fir Apple' ('Rosa Tannenzapfen'): fingerlange Knollen, die entfernt an

'Blue Salad' (Foto: fotolia.de/MP2)

Tannenzapfen erinnern, rosa Schale, hellgelbes Fleisch, festkochend, mittelspäte Reife; Stauden wachsen hoch und sind deshalb anfällig für Kraut- und Braunfäule

'Vitelotte noire' (Trüffelkartoffel): längliche Form, sehr dunkle, fast schwarze Schale, blaues, hell marmoriertes Fleisch; vorwiegend festkochend, Geschmack erinnert an Nüsse und Kastanien

Einteilung

Alte und neue Sorten werden noch immer nach demselben Schema eingeteilt, das dem Käufer, dem Gärtner und dem Koch wichtige Angaben zu Anbau und Kocheigenschaften gibt.

Für den Anbau ist die Reifezeit wichtig. Frühkartoffeln werden relativ früh gelegt und auch schon bald darauf geerntet. Sie sind nicht so gut lagerfähig, schmecken aber einfach köstlich. Als Frühkartoffeln können nur Knollen aus der Gruppe frühreifend verwendet werden. Sie entwickeln sich auch schneller als die späteren Reifegruppen; etwa 90 Tage nach dem Legen können sie geerntet werden.

Bei der Auswahl der Kartoffeln für den Garten muss der Standort miteinbezogen werden. In kühlen Gegenden werden spätreifende Sorten keinen guten Ertrag bringen beziehungsweise gar nicht erst richtig reif werden. Und wenn unreife Kartoffeln geerntet werden, ist die Lagerfähigkeit eingeschränkt.

Die Kocheigenschaften geben wichtige Hinweise auf die spätere Verwendung der Knolle. Mit mehlig oder überwiegend mehlig kochenden Kartoffeln kann ein perfekter Kartoffelbrei zubereitet werden, ein Kartoffelsalat gelingt besser mit festkochenden.

Pflanzgutbeschaffung

Die erste Hürde bei einer geplanten Kultur besonderer Sorten ist die Beschaffung. Im normalen Landhandel, dort, wo man üblicher-weise Pflanzkartoffeln kauft, sind alte Sorten nicht zu bekommen. Im Profibereich dürfen nur offiziell zugelassene Sorten verkauft werden, die auf einer Sortenliste stehen. ‘Blauer Schwede’ zum Beispiel steht nicht auf dieser Liste. Seit Kurzem hat es die bekannte Sorte ‘Bamberger Hörnla’ nach züchterischer Bearbeitung wieder geschafft, auf diese Liste zu kommen.

Diese Einschränkung beim Handel und beim professionellen Anbau ist im Hobbyanbau jedoch kaum ein Problem. Für den kleinen Bedarf im Garten oder auf dem Balkon brauchen Sie nicht unbedingt Pflanzkartoffeln zu kaufen. Sie können aus dem viel größeren Sortiment der Speisekartoffeln wählen, die genauso gut zum Anbau geeignet sind. Zuweilen werden die Knollen auf dem Markt oder bei speziellen Anbietern unter der Bezeichnung Feinschmecker- oder Gourmetkartoffeln angeboten, allerdings auch sehr teuer verkauft. Am besten tauscht man mit Kartoffelliebhabern bewährte Sorten.

Pflanzgut vorbereiten

Egal ob spezielle Pflanzkartoffeln (die sind allerdings auch vorgekeimt erhältlich) oder Speisekartoffeln für die Pflanzung verwendet werden, es lohnt sich, die Knollen vorkeimen zu lassen. Etwa sechs Wochen vor dem Pflanztermin legt man die Kartoffeln nebeneinander in Kistchen, sodass die gut sichtbaren „Augen“ nach oben schauen.

Hell aufgestellt an einem warmen Platz beginnt die Keimung schon bald.

Ausgepflanzt wird, wenn die Keime ungefähr 4 cm lang sind.

So wird's gemacht

Ein sandiger, lockerer Boden ist für die Kartoffelkultur günstig; nass und klumpig sollte er dagegen nicht sein. Bereiten Sie am besten im Jahr vor dem geplanten Kartoffelanbau den Boden mit einer Gründüngung vor. Gründüngungspflanzen wie Lupinen, Phacelia oder Gelbsenf schließen den Boden auf und lockern ihn.

Sobald der Boden sich im Frühjahr auf etwa 10 °C erwärmt hat, können Kartoffeln gelegt werden – je nach Region zu unterschiedlichen Zeiten. In warmen Gegenden beginnt die Pflanzzeit für Frühkartoffeln schon Ende März, in höher gelegenen Regionen unter Umständen erst im Mai. Gehen Sie vorsichtig mit den Knollen um und achten Sie darauf, dass die Keime nicht abbrechen und die Knollenseite mit den meisten Keimen nach oben gerichtet ist.

Als Vorbereitung vor dem Legen wird das Beet im Frühjahr durchgehackt und eingeebnet. Der Boden sollte bei der Bodenbearbeitung im Frühjahr gut abgetrocknet sein. Seien Sie geduldig und warten Sie bei einer langen Feuchteperiode lieber noch zu, bis der Boden betreten werden kann. Für die Kartoffeln wählt man einen Reihenabstand von 50–75 cm. In der Reihe sollten die Kartoffeln einen Abstand von 30–40 cm haben. Die Löcher sollten etwa 4–8 cm tief sein, sodass die Oberkante der Knolle mit den Augen beziehungsweise den Keimen in einer Ebene mit der Erdoberfläche liegt.

Nach dem Auslegen häufelt man die Knollen mit der Hacke etwa 5 cm hoch mit Erde an, sodass ein niedriger flacher Damm entsteht. Sobald die grünen Triebe 8–10 cm hoch sind, wird erneut gehackt und angehäufelt, gerade so, dass die Triebe noch knapp aus dem Boden schauen.

Ein weiteres Mal häufelt man an, wenn die Triebe 15–20 cm hoch sind. Sobald der Bestand durch die Blätter geschlossen ist, ist keine weitere Bearbeitung nötig und auch gar nicht möglich. Beim Hacken sollte man darauf achten, dass das Laub nicht beschädigt wird. Durch das Anhäufeln wird der Boden gut durchlüftet. Außerdem dringt die Wärme besser in die Dämme ein. Und ganz nebenbei bekämpft man mit dem Durchhacken die lästigen Wildkräuter.

Nahrung für Kartoffeln

Für einen guten Ertrag muss die Kartoffel mit stickstoff- und kaliumhaltigen Düngern versorgt werden. Kompostgaben oder organischer Handelsdünger in Kombination mit Gründüngung sind die beste Nährstoffversorgung für Kartoffeln. Geben Sie aber nicht zu viel, denn zu viel Stickstoff bewirkt, dass sie ins Kraut schießen und dann anfälliger für die Kraut- und Braunfäule werden. Am meisten Nährstoffe braucht die Kartoffel ab dem Zeitpunkt kurz vor der Blüte, bei späten Sorten bis zum Spätsommer. Während der Blütezeit braucht die Kartoffel übrigens auch am meisten Wasser. Die ganz junge Kartoffelpflanze versorgt sich noch aus der Mutterknolle, die dann abstirbt und zusammenschrumpelt.

Ernte und Lagerung

Erntetermin für die Kartoffelknollen ist 2–3 Wochen nachdem das Laub abgestorben ist. Man sagt dazu, dass die Kartoffeln „abgestanden“ sein müssen. Zu dem Zeitpunkt ist die Stoffeinlagerung abgeschlossen. Dann lösen sich die Knollen leicht und die Schale ist fest, was gut für die Lagerfähigkeit ist.

Zur Ernte wartet man trockenes Wetter ab. Auch der Boden sollte ziemlich abgetrocknet sein. Das beste Hilfsmittel zur Ernte ist die Grabegabel. Behandeln Sie die Knollen beim Zusammenlesen in Körbe und beim Umschütten schonend. Sie sollten nicht aus großer Höhe geschüttet werden, weil sie sonst leicht blaue Flecken bekommen. Wichtig ist auch, die Knollen nie zu lange dem Licht auszusetzen, sonst vergrünen sie.

Und dann kommt es darauf an, die Kartoffeln gut zu lagern. Optimal ist ein richtiger Kartoffelkeller, in dem es dunkel und kühl ist und eine hohe Luftfeuchtigkeit herrscht:

In alten Bauernhäusern gibt es solche Keller noch mit naturbelassem Erdboden. Bei der Kartoffellagerung gilt es, einige Grundregeln zu beachten:

- Dunkelheit
- gut belüfteter Lagerraum
- Temperatur bei 3–6 °C (nie darunter, weil die Kartoffeln sonst süß werden)
- hohe relative Luftfeuchtigkeit bei 85–90 %

Für Balkon und Terrasse

Mittlerweile müssen Balkongärtner nicht auf Kartoffeln aus eigenem Anbau verzichten. Gerade die alten Sorten, die nicht so ertragsstark sind, lassen sich gut in speziellen Kartoffelsäcken oder Anzuchttaschen kultivieren. Und wenn man mehrere Sorten ausprobieren will, verliert man mit diesen speziellen Säcken nicht den Überblick: In jedem Sack wird eine Sorte kultiviert. Sie können sich dann genaue Aufzeichnungen über den Ertrag, den Erntezeitpunkt und die Eigenschaften der Kartoffelsorten machen. Das geht zwar im Garten auch, aber mit den Kartoffelsäcken behält man auf jeden Fall den Überblick.

Wer etwas mehr Platz hat, kann den Anbau ins Hochbeet verlegen. Diese überaus nützliche und rückenschonende Anbauweise gewinnt immer mehr Liebhaber und sieht bei schlichten Holzhochbeeten auch noch respektabel aus.

Schnellinfo

Aussaat/Pflanzung: Ab Ende März bis Mitte Mai, je nach Klimalage.
Ansprüche im Garten: Lockerer, nährstoffreicher Boden, sonniger Platz.
So können die Pflanzen genutzt werden: Knollen zum Dämpfen, Kochen, Braten, Frittieren, für Salate geeignet.
Empfehlenswerte Sorten: (Siehe Übersicht.)
Besonderheiten: Im kühlen Keller lagerfähig bis zum Frühjahr.

Für Kasten und Kübel geeignet

Kürbisse

Foto: Floramedia

Vielfalt in Form und Größe

Wie bei Kartoffeln und Tomaten kann man sich beim Kürbis an der Sortenvielfalt erfreuen, die heute wieder hoch geschätzt wird. So viele Formen, so viele Farben und Größen! Da gibt es die Riesenkürbisse, Kürbisse für Kürbisgeister, Zierkürbisse und hervorragende Speisekürbisse für Suppe oder Pumpkin-Pie. Es gibt Kürbismärkte und -feste, auf denen man die interessantesten Formen und Geschmacksrichtungen finden kann. In deutschen Küchen ist der orangefarbene Hokkaido aus der Gruppe der Speisekürbisse sehr beliebt. Es lohnt sich jedoch, auch die anderen Arten und Sorten mit besonderen geschmacklichen Eigenschaften auszuprobieren. Köchinnen und Köche loben neuerdings besonders die Butternutkürbisse. Und dass Kürbis nicht gleich Kürbis ist, liegt bei dieser Vielfalt fast schon auf der Hand. Unsere Gartenkürbissorten gehören zu drei *Cucurbita*-Arten, von denen es jeweils Untergruppierungen gibt. Allerdings sind die Sorten innerhalb der Arten so unterschiedlich, dass eine Erkennung nicht immer ganz einfach ist.

Arten und Sorten für Garten und Küche

Speisekürbis, Riesenkürbis *(Cucurbita maxima)*

Riesenkürbisse verdienen ihren Namen zu Recht. Manche Exemplare bringen tatsächlich Zentner auf die Waage. Die Sorte 'Gelber Zentner' wurde früher häufig in Hausgärten angebaut. Doch ihr Fruchtfleisch und Geschmack sind fade und haben so manchem die Lust auf Kürbis gründlich verdorben. Mittlerweile gibt es jedoch viele neue Sorten, die sehr lecker schmecken. Probieren Sie es aus!

'Bischofsmütze': Gewicht etwa 3–5 kg, 4–6 Früchte pro Pflanze, Frucht turbanähnlich, überwiegend orange, teils mit grünen und weißen Streifen, sehr süßes Fruchtfleisch

Hokkaido 'Uchiki Kuri': Gewicht etwa 1,5 kg, 2 3 Früchte pro Pflanze, Früchte rund bis hochrund, kaum gerippt, orangerote Schale, Fleisch dunkelgelb, sehr wohlschmeckend

Riesenkürbis 'Rouge vif d'Etampes': Gewicht 8–20 kg, 2–4 Früchte pro Pflanze, Früchte groß, flachrund, breit gerippt, orangerot, Fruchtfleisch orange

Muskat- oder Moschuskürbis
(Cucurbita moschata)

Eine Untergruppe dieser Art sind die Butternut- oder Squashkürbisse, die in den USA sehr beliebt und verbreitet sind. Hierzulande müssen sie aber erst noch bekannt werden. Sie haben viele Vorzüge wie die handliche Größe, die schöne Glocken- oder Birnenform bei einigen Sorten sowie ein hoher Fruchtfleischanteil von 90–95 %, da sich nur eine kleine Samenhöhle im Inneren befindet. Was sie ebenfalls sehr wertvoll macht, ist die sehr gute Lagerfähigkeit bis zu einem Jahr!

'Early Butternut': Früchte glockenförmig, terrakottafarben, feines Aroma, Gewicht etwa 1–2 kg, 5–8 Früchte pro Pflanze, Reifezeit 90–100 Tage (frühreifend), lässt sich sehr gut lagern (6–12 Monate)

'Hunter': hellgelb, Gewicht 1–1,4 kg, 6–7 Früchte pro Pflanze, mäßig rankend (braucht etwa 2 m^2 Platz), Reifezeit 90 Tage (frühreifend), Lagerdauer bis 6 Monate

Andere Moschuskürbisse
'Muscat de Provence': Gewicht 5–25 kg, 2–5 Früchte pro Pflanze, stark rankend, Reifezeit 140 Tage (spätreifend), reift von Grün nach Orangegrau,
Lagerdauer 4–8 Monate

'Rote Warze': Gewicht 5–8 kg, Früchte mit kleinen Warzen überzogen, dicke, orangerote Schale, wohlschmeckendes Fleisch
'Vesuv': Gewicht etwa 800 g, Früchte ziemlich einheitlich groß, flachrund, rot, Schälen nicht nötig

Gemüsekürbis, Patisson, Zucchini
(Cucurbita pepo)

Einige der Gemüsekürbisse bezeichnet man auch als Sommerkürbisse, zum Beispiel die buschig wachsenden Zucchini, Rondini und Squash. Sie werden vorzugsweise unreif geerntet und sind relativ kurz lagerfähig.

Spaghettikürbisse

Spaghettikürbis ist keine Sortenbezeichnung, sondern bezeichnet eine Untergruppe der Gemüsekürbisse, bei der das Fruchtfleisch faserig zerfällt, was entfernt an Spaghetti erinnert. Als Urform der Spaghettikürbisse gilt die Sorte 'Vegetable Spaghetti', eine Züchtung aus Japan, die 1960 auf den Markt kam.

'Vegetable Spaghetti': grünlich hellgelbe Früchte, Gewicht etwa 1,2–3 kg, 4–7 Früchte pro Pflanze, rankend, Reifezeit 90 Tage, Lagerzeit 2–5 Monate

'Small Wonder': Frucht rundlich oval, creme bis hellgelb, Gewicht etwa 600–800 g, 10–20 Früchte pro Pflanze, rankend, Reifezeit 80–85 Tage, Lagerzeit 2–3 Monate

'Stripetti': Frucht mit ovaler Form, außen gelbgrün mit dunkleren Streifen und unregelmäßigen Maserungen, Fruchtfleisch locker in Streifen zerfallend, Gewicht 1,25–2,5 kg, 6–10 Früchte pro Pflanze, Reifezeit 90 Tage, Lagerzeit 6–8 Monate

Aber auch der klassische Halloweenkürbis 'Jack o'Lantern' gehört dazu und auch der Ölkürbis, aus dem das wertvolle und köstliche Kürbiskernöl gewonnen wird.

Erntegarantie

Kürbisse sind wirklich dankbare Pflanzen, die selbst Gartenanfängern wahre Glücksmomente bescheren. Es genügen meistens nur einige Samen, um den Bedarf an Kürbissen einer ganzen Familie zu decken. Sie wachsen auf dem Komposthaufen ebenso wie am Beetrand, und obwohl ihnen nachgesagt wird, dass sie gut mit Nährstoffen versorgt werden sollten, gedeihen sie selbst bei nachlässiger Pflege ohne Düngung.

Nur manchmal, in guten Jahren, da ist mancher Gärtner und manche Gärtnerin mit den Erntemengen überfordert. Wohin mit den Massen? Doch wer besondere Sorten angebaut hat, wird schnell Abnehmer bei Nachbarn und Freunden finden. Außerdem sind die Verwendungsmöglichkeiten äußerst vielfältig, und zum Beispiel Suppen aus Kürbisfleisch lassen sich gut einfrieren.

Von Anfang an

Kürbisse kann man leicht selbst heranziehen. Wichtigste Voraussetzung ist, Platz dafür zu haben. Riesenkürbisse und Muskatkürbisse bedecken mehrere Quadratmeter Fläche und bilden oft lange rankende Triebe aus. Kürbis ist deshalb mitunter eher eine Kultur für den Acker als für den Garten. Weniger Platz brauchen dagegen die kompakt wachsenden Gemüsekürbisse (Patisson, Zucchini). Und im ausreichend großen Kübel oder Topf können sie nicht so schnell andere Gemüsepflanzen unterdrücken.

Besonders interessant ist es, die Kürbisse selbst aus Samenkörnern heranzuziehen. Der richtige Zeitpunkt dafür ist bei Vorkultur im Haus Ende April. (Es ist auch möglich, ab Ende Mai direkt ins Freiland zu säen, doch die Freilandsaat ist bei der wärmebedürftigen Kultur risikoreich.) Dazu legt man die Samen einzeln oder zu zweit in mit Aussaatsubstrat gefüllte Töpfchen, die man zum besseren Keimen mit einer Plastiktüte umhüllt. Bis zum Keimen sollten die Töpfchen sehr warm stehen; sobald die Keimblätter erscheinen, kann die Umgebungsluft etwas kühler sein. Die Pflänzchen entwickeln sich rasch und können nach Mitte Mai ins Freiland gepflanzt werden.

So wird's gemacht

Geben Sie den Kürbissen einen Platz, an dem sie nach allen Richtungen wachsen können. Am Anfang kann es nötig sein, die Pflanzen vor Schneckenfraß zu schützen. Und achten Sie darauf, dass die jungen Pflänzchen zu Beginn des Wachstums genügend Wasser zum Anwachsen haben. Eine gute Idee ist es, Kürbisse auf den Kompost oder auf Erdhaufen zu pflanzen. An einem solchen Platz entwickeln sich die wärme- und nährstoffliebenden Kürbisse besonders gut. Andererseits entziehen sie dem Kompost Nährstoffe, und der ist dann kaum noch als solcher zu gebrauchen.

Die Kürbisarten reifen unterschiedlich schnell heran: Bei Gemüsekürbissen geht es am schnellsten; sie brauchen nur 2–3 Monate von der Aussaat bis zur Reife der ersten Früchte. Bei ihnen sollten die Früchte jung geerntet werden, dann bilden sich umso mehr neue aus. Speisekürbisse und Moschuskürbisse, die auch als Winterkürbisse bezeichnet werden, sollten dagegen voll ausreifen; bei ihnen ist ab September mit reifen Früchten zu rechnen. Laub und Stängel werden zum Ende der Wachstumsperiode hin braun und dürr. Das sieht nicht schön aus, ist aber völlig normal. Die Kürbisse sollten vor dem ersten Frost geerntet werden.

Lagerung

Nach der Ernte im Garten oder auf dem Feld empfiehlt es sich, die Früchte an einem warmen sonnigen Platz noch 2–4 Wochen nachreifen zu lassen. Dabei verhärtet sich die Schale und der Stielrest. Die Kürbisse sind so ideal vor Austrocknen geschützt und werden gut lagerfähig.

Kürbisse lassen sich je nach Sorte einige Wochen oder sogar Monate lang lagern. Sie halten am besten bei einer Temperatur von 10–15 °C und bei trockener Luft. Also die Kürbisse auf keinen Fall in den Keller zu den Kartoffeln legen, sondern eher in kühle Wohnräume oder ins Treppenhaus. Besonders gut – bis zu einem Jahr – lagerfähig sind zum Beispiel Butternutkürbisse oder der Moschuskürbis 'Muscat de Provence'.

Schnellinfo

Aussaat/Pflanzung: Aussaat ab Ende April; Pflanzung nach Mitte Mai.
Ansprüche im Garten: Nährstoffreicher, feuchter Boden, sonniger Platz.
So können die Pflanzen genutzt werden: Suppen, Füllungen, Gemüsegerichte.
Empfehlenswerte Sorten: (Siehe Übersicht.)
Besonderheiten: Kürbisse lassen sich gut unter normalen Haushaltsbedingungen lagern.

Für Kasten und Kübel geeignet

Foto: Floramedia

Salate & Wildkräuter

Foto: Arche Noah

Bärlauch

Im April und Mai weht Spaziergängern aus Wäldern feiner Knoblauchduft entgegen. Er stammt vom Bärlauch *(Allium ursinum)*, der wegen des Dufts auch als Wilder Knoblauch bezeichnet wird. An seinen Wildstandorten in feuchten Laubwäldern, in Schluchten und Auwäldern bildet der Bärlauch dichte Bestände.

Sehr bald im Frühjahr, oft schon Mitte März, wagen sich die spitzen Bärlauchblätter an die Erdoberfläche. Bereits ab März kann man die ersten Blättchen abzupfen. Eine Bärlauchpflanze bildet meist zwei deutlich gestielte, breit-lanzettliche Laubblätter aus. Bärlauch ist in den letzten Jahren zur regelrechten Trendpflanze avanciert und viele Liebhaber sammeln im Frühjahr das beliebte Kraut. Dabei sollte man niemals alle Blätter einer Pflanze oder gar einen ganzen Bestand pflücken, denn sonst kann sich der Bestand nicht wieder regenerieren.

Von April bis Juni erscheinen die lang gestielten, rundlich wirkenden Blütenstände mit weißen, sternchenförmigen Einzelblüten. Ab diesem Zeitpunkt wird nicht mehr gepflückt, denn die Blätter verlieren an Geschmack. Nach der Blüte „zieht" der Bärlauch wieder ein. Die Blätter vergilben dann, sterben ab und verrotten. Im Sommer ist oberirdisch nichts mehr von dem „Bärlauchwald“ zu sehen – bis zum Austrieb im darauffolgenden Frühjahr. Etwas Vorsicht ist beim Bärlauchsammeln geboten. Die hochgiftigen Maiglöckchenblätter und auch die Blätter der Herbstzeitlosen sehen denen des Bärlauchs zum Verwechseln ähnlich und stehen mitunter sogar dicht nebeneinander. Durch den Geruch können Sie die Pflanzen gut unterscheiden. Reiben Sie ein Blättchen zwischen den Fingern: Entfaltet sich ein Knoblauchduft, ist es Bärlauch.

Foto: Dr. Brunhilde Bross-Burkhardt

So wird's gemacht

Das Wildgewächs Bärlauch kann man auch im Garten auf einem beschatteten Beet ansiedeln. Das gelingt durch Aussaat oder durch Stecken der langen dünnen Zehen im Herbst. Am sichersten ist es jedoch, wenn Sie im Frühjahr einen voll entwickelten Bärlauchstock – gekauft oder an einem Gartenstandort abgestochen – pflanzen. Bei Aussaat kann es einige Jahre dauern, bis sich genügend erntefähige Blätter bilden. Doch wenn der Bärlauch sich einmal im Garten etabliert hat, ist er so leicht nicht wieder loszuwerden. Wichtig ist dabei aber die richtige Standortwahl: Etwas feucht, kalkhaltig und nährstoffreich sollte der Boden sein. Auf sauren, trockenen und karstigen Böden gedeiht der Bärlauch nicht.

Für die Küche

Experimentierfreudige Köchinnen und Köche bereiten aus den frischen Blättern würzige Salate, Soßen, Suppen und leckeres Pesto zu oder setzen Schnaps mit Bärlauch an. Das Wildgemüse wird vorzugsweise frisch verwertet. Und sogar die Bärlauchzehen könnte man verwenden. Die etwa 4–6 cm langen Zehen stecken jedoch tief im Boden und sollten besser an Ort und Stelle bleiben, damit für Nachschub im Frühjahr gesorgt ist.

Schnellinfo

Aussaat/Pflanzung: Im Frühjahr pflanzen, Zehen im Herbst stecken.
Ansprüche im Garten: Nahrhafter, feuchter Boden, halbschattiger bis schattiger Platz.
So können die Pflanzen genutzt werden: Blätter, frisch für Salate, Kräuterquark, Brotbelag, Pesto, zum Einlegen in Schnaps, Blüten zur Dekoration, Zwiebeln, frisch zum Einlegen in Schnaps.
Empfehlenswerte Sorten: Nur die Art.
Besonderheiten: Verwechslungsgefahr mit hochgiftigen Maiglöckchen- und Herbstzeitlosenblättern.

Für Kasten und Kübel geeignet

Borretsch

Borretsch oder Gurkenkraut *(Borago officinalis)* ist ein altbekanntes, einjähriges Würz- und Heilkraut, das Nonnen und Mönche bereits im Mittelalter in den Klostergärten kultivierten. Die Menschen im Mittelalter hielten viel von der Pflanze und erwarteten von den blauen Blüten aufmunternde Wirkung bei Melancholie. Heute spielt der Borretsch in der Pflanzenheilkunde keine Rolle mehr; als Würzkraut aber und als üppig wuchernde Gartenblume ist er nach wie vor hoch angesehen.

Der in Mittelmeerländern und im Nahen Osten heimische Borretsch gehört botanisch zu den Raublattgewächsen. Die behaarten Blättchen erscheinen im Frühjahr. Aus der dem Boden anliegenden Blattrosette erheben sich die Blütenstängel. Je nachdem, wie viele Nährstoffe und wie viel Licht vorhanden sind, entwickeln sich die Pflanzen mehr oder weniger üppig. Gut entwickelte Pflanzen können etwa 1 m hoch werden und verzweigen sich. Die stark behaarten Stängel sind gut besetzt mit den für Borretsch typischen wunderschönen blauen Blüten. Von Mai bis September erscheinen die Blüten. Sehr große Borretschpflanzen sollten Sie unbedingt anbinden, damit sie nicht umkippen.

So wird's gemacht

Auf einem nährstoffreichen Boden in der Sonne wächst Borretsch problemlos heran. Er wird im Frühjahr an Ort und Stelle ausgesät. Für den Bedarf eines Haushalts genügen wenige Pflanzen, die neben Kohl oder Gurken wachsen dürfen oder im Sommerblumenbeet. Wer Borretsch einmal im Garten angesiedelt hat, wird durch Selbstaussaat immer Nachschub haben. Doch keine Sorge – das Kraut wird nie lästig. An Stellen, an denen es stören würde, lässt es sich leicht auszupfen.

Obwohl immer wieder zu lesen ist, dass Borretsch ausreichende Wassergaben benötigt, ist er erfahrungsgemäß auch an einem trockeneren Standort wüchsig. Nach einem Jahr stirbt Borretsch ab.

Foto: Floramedia

Für die Küche

Wertvoll sind vor allem die jungen behaarten, gurkenartig schmeckenden Blättchen. Sie ergeben fein geschnitten eine gute Würze für Salate und für Kräuterquark. Verwenden Sie sie nur frisch, das Trocknen lohnt nicht. Zur Dekoration und auch zum Verzehr sind die wunderschönen Borretschblüten bestens geeignet. Man bestreut Salate, Quark und Dessert damit oder verwendet sie, um einen dekorativen Blütensalat zuzubereiten. Zusammen mit Blüten von Kapuzinerkresse, Löwenzahn, Giersch, Wiesenkümmel entsteht ein ebenso gesunder wie wohlschmeckender Salat, der alle Blicke auf sich zieht. Und die Insektenwelt im Garten schätzt das Kraut ebenfalls sehr. Bienen und Hummeln belagern die Blüten.

Schnellinfo

Aussaat/Pflanzung: Aussaat im Frühjahr (April/Mai), Pflanzung von Mai bis Juni.
Ansprüche im Garten: Nährstoffreicher Gartenboden, sonniger Standort.
So können die Pflanzen genutzt werden:
Junge Blättchen für Salate, Kräuterquark, Blüten zum Bestreuen, für Bowle und Tee.
Empfehlenswerte Sorten: Außer der blau blühenden gibt es auch eine weiß blühende Sorte.
Besonderheiten: Sehr gute Bienenweide.

Bronzefenchel

Fenchel kennt man normalerweise als einjährig kultiviertes Gemüse. Es gibt jedoch auch den ausdauernden Gewürzfenchel *(Foeniculum vulgare* var. *dulce),* der als Staude im Garten überdauern kann. Besonders hübsch sieht der Bronzefenchel mit rötlichem Laub aus – Leitpflanze und Mittelpunkt in jedem Kräuter- oder Staudenbeet. Gelegentlich wird die Sorte 'Rubrum' auch als zweijährig eingestuft.

Der Bronzefenchel bildet fein gefiederte, purpurn-dunkelgrün schimmernde Blättchen aus. Die Keimblätter sind winzig klein, die später erscheinenden Blätter hängen dekorativ über. Ab dem späteren Frühjahr schieben sich Blütenstängel, die bis über 2 m hoch werden können, empor und verzweigen sich im oberen Teil. Es erscheinen viele Dolden mit offenen gelben Blüten, die Schwebfliegen anlocken. Bald entwickeln sich daraus die Samenkörner.

So wird's gemacht

Bronzefenchel ist bei verschiedenen Gärtnereien als Jungpflanze erhältlich, kann aber auch direkt an Ort und Stelle aufs Gartenbeet gesät oder vorgezogen und später ausgepflanzt werden. Allerdings bildet sich schon bald nach dem Aufgang eine Pfahlwurzel, sodass möglichst schnell nach dem Keimen verpflanzt oder getopft werden muss; später gelingt dies selbst mithilfe des Spatens nur mit Mühe. Am besten entwickelt er sich auf einem sonnigen frischen nährstoffreichen Boden. Es genügt eine Pflanze pro Haushalt! Bitte kalkulieren Sie beim Pflanzen den großen Platzbedarf des Bronzefenchels ein. Er braucht etwa 1 m² Grundfläche und sollte am Rand von Pflanzungen stehen, damit er durch seinen Schattenwurf die Nachbarpflanzen nicht am Wachsen hindert.

Bronzefenchel sieht ausgesprochen dekorativ aus und wird immer häufiger als Zierpflanze eingesetzt. Er bringt ein spannungsreiches vertikales Element in Staudenpflanzungen. Verwelkte Stängel und Blätter werden im Spätherbst abgeschnitten. Im Frühjahr treibt das ausdauernde Gewächs schnell wieder aus und erreicht ab dem zweiten Pflanzjahr seine volle Größe. Für Balkon und Terrasse ist Bronzefenchel ebenfalls geeignet. Allerdings muss der Topf ausreichend groß sein. Wichtig ist außerdem eine kontinuierliche Wasserversorgung.

Foto: Dr. Brunhilde Bross-Burkhardt

Für die Küche

Der Bronzefenchel ist vielseitig nutzbar – Blattwerk, Blütenstände, halbreife Samen in der Küche zum Würzen und die reifen Samenkörner für Tee.

Wegen des intensiven Geschmacks sollte vorsichtig bei der Dosierung vorgegangen werden. Mit Knoblauch, Tomaten, Zwiebeln und scharfen Chilischoten harmoniert Bronzefenchel aber gut. Er passt zu gedünstetem Gemüse und gibt bei Wokgerichten und zu Fisch die besondere Note.

Fencheltee kann aus Samen, aber auch aus dem frischen Fenchellaub zubereitet werden, das einen ganz charakteristischen süßlichen, anisartigen Geschmack aufweist. Er hilft bei Magen-Darm-Beschwerden, schmeckt aber auch „einfach so" sehr gut.

Schnellinfo

Aussaat/Pflanzung: Aussaat im Frühjahr, Pflanzung im Frühjahr oder Herbst.
Ansprüche im Garten: Nahrhafter Gartenboden, sonniger Standort.
So können die Pflanzen genutzt werden: Blattwerk und halbreife Samen in der Küche, reife Samenkörner für Tee.
Empfehlenswerte Sorten: 'Rubrum', 'Giant Bronze', 'Purpureum'.
Besonderheiten: Lockt nützliche Schwebfliegen an.

Brunnenkresse

Bitterkraut, Bittersalat oder Bittersenf wird die Echte Brunnenkresse *(Nasturtium officinale)* auch genannt. Sie ist ein wertvolles Wintergemüse mit scharfem, leicht bitterem Geschmack. Bei winterlichen Spaziergängen in der freien Natur erkennt man sie von Weitem an ihrer frischen grünen Farbe, sogar in verschneiter Umgebung. Sie wächst in fließendem, kalkhaltigem Wasser in Quellbächen und Gräben oder sogar als Wasserpflanze untergetaucht bis flutend bis in 1 m Wassertiefe. Das Wasser kann durchaus nährstoffreich und schlammig sein. Erntezeit der Echten Brunnenkresse in der freien Natur ist in den Monaten mit „r“, also von September bis April. Im späten Frühjahr, ab Mai, blüht die Brunnenkresse; dann zeigt sich an den weißen Blüten, dass das Gewächs zu den Kreuzblütlern gehört. In dieser Phase werden die Blätter hart und schmecken nicht mehr.

So wird's gemacht

Es ist nicht ganz einfach, Brunnenkresse selbst zu ziehen. Saatgut bekommt man von verschiedenen Anbietern, die Standortansprüche der Pflanze können aber nicht immer erfüllt werden. Das ausdauernde Kraut braucht langsam fließendes, kalkhaltiges (Quell-)-Wasser, das auch nährstoffreich sein kann. Ein Gartenteich ist kein idealer Standort, weil es sich um ein stehendes Gewässer handelt und der Nährstoff- und Kalkgehalt zu niedrig ist. Die Brunnenkresse wird sich an solchen Plätzen nicht lange halten. Auf normalen Gartenbeeten gedeiht die Echte Brunnenkresse ebenfalls nicht. Am besten teilt man eine Pflanze und gibt die Triebe in einen mit Wasser gefüllten Eimer oder eine Wanne. Das Wasser muss regelmäßig ausgetauscht werden. Die Pflanzen schwimmen im Wasser und bilden Wurzeln aus, die im Wasser lang hinabhängen. Laufend erscheinen neue Blatttriebe. So lässt sich die Brunnenkresse wochen-, ja sogar monatelang halten, und die fortlaufende Ernte der zarten Blättchen für Salat oder Suppe ist garantiert.

Brunnenkresse wird auch als Topfpflanze verkauft, allerdings sind die Pflanzen dann vor allem für den sofortigen Verbrauch in der Küche gedacht und nicht zum Auspflanzen in Erde. Man kann sie einige Tage frisch halten, wenn man sie in ein Wasserglas stellt, aber auch hier darf das Wasser nicht abstehen.

Alternative

Die ganz ähnliche und ebenfalls essbare Bittere Schaumkresse *(Cardamine amara)* wird häufig mit der Echten Brunnenkresse verwechselt. Wer es genau wissen möchte, schneidet die Stängel auf: Der Stängel der Brunnenkresse ist innen hohl, der des Bitteren Schaumkrauts innen ausgefüllt. Die Bittere Schaumkresse ist nicht ganz so anspruchsvoll wie die Echte Brunnenkresse; sie gedeiht an sumpfigen Stellen und lässt sich auch am Gartenteich ansiedeln.

Für die Küche

Für den Salat und den frisch zubereiteten Kräuterquark ist die Brunnenkresse eine echte Bereicherung und kommt häufig auch bei den sogenannten Frühjahrskuren zum Einsatz. Brunnenkressesüppchen sind ebenfalls sehr beliebt. Klein geschnitten kann sie auch als vegetarischer Brotaufstrich verwendet werden, allerdings macht der hohe Gehalt an Senfölglykosiden den Geschmack etwas bitter.

Schnellinfo

Aussaat/Pflanzung: Teilung und Einlegen in frisches Wasser.
Ansprüche im Garten: Fließendes Wasser oder Behälter mit Wasser.
So können die Pflanzen genutzt werden: Frisch für Salate, zum Garnieren, für Suppen.
Empfehlenswerte Sorten: Es wird überwiegend die Art angeboten.
Besonderheiten: Brunnenkresse ist ein typisches Wintergemüse, dessen Blätter im Winter grün sind.

Für Kasten und Kübel geeignet

Endiviensalat

Seit dem 17. Jahrhundert ist der Endiviensalat *(Cichorium endivia)* bei uns bekannt und heute noch in Süddeutschland sehr beliebt. Ansonsten ist er aber etwas in Vergessenheit geraten, denn viele neuere Sorten des Gartensalats haben ihm den „Rang abgelaufen". Ab dem Spätsommer kann Endiviensalat die Gartenbeete füllen und für herbstliche frische Salate sorgen. In Hausgärten wird vornehmlich die robuste grüne Standardsorte 'Escariol' angebaut. Das Zichoriengewächs stammt aus dem Mittelmeerraum und dem Nahen Osten und ist verwandt mit der einheimischen Wegwarte *(Cichorium intybus)*.

Endiviensalat zeichnet sich durch seinen leicht bitteren Geschmack aus, der auf dem Gehalt an Intybin beruht, allerdings unterscheiden sich die Sorten in Bezug auf den bitteren Geschmack. Unterschiede gibt es auch in der Wuchsform und in der Kälteverträglichkeit. Es wird unterschieden zwischen Frisée-Endivie mit stark geschlitzten Blättern wie 'Wallonne' oder 'Très fine maraichère' und glattblättrigen Sorten, zum Beispiel 'Bubikopf'. Bei den Endiviensalaten sind die Blätter rosettenartig ausgebreitet; mit dem weiteren Wachstum füllt sich die Mitte der Rosette, bis schließlich ein dicker Kopf entsteht. Früher war es üblich, die Köpfe zusammenzubinden, um die inneren Blätter „zu bleichen". Tatsächlich sind die hellen Blätter aus dem Kopfinneren viel zarter und wohlschmeckender als die dunkelgrünen äußeren Blätter.

So wird's gemacht

Der Endiviensalat ist ein typisches Herbst- und Frühwintergemüse. Eine Frühsaat Anfang März ist zwar auch möglich, allerdings neigen die Pflanzen bei Temperaturen unter 16 °C während der Keimung zum Schossen. Am besten sät man Mitte Juni bis Juli breitwürfig auf Beete aus. Der Boden sollte tief gelockert sein, damit sich die Pfahlwurzel gut entwickeln kann. Damit die Samen gut keimen, schattiert man das Beet mit alten Säcken oder anderen das Licht abhaltenden Materialien bis zur Keimung und hält es feucht. Im August werden die jungen Pflänzchen im Abstand von 30–40 cm flach gepflanzt. Endiviensalat verträgt leichten Frost bis etwa –2 °C. Sollte diese Anbaumethode nicht zum Erfolg führen, probieren Sie es am besten mit der Voranzucht. Eine Aussaat in Kistchen erfolgt dabei im Juni bis Juli. Ausgepflanzt wird Mitte Juli bis Mitte August.

Schnellinfo

Aussaat/Pflanzung: Aussaat Mitte Juni bis Juli, Pflanzung Mitte Juli bis August.
Ansprüche im Garten: Nahrhafter Gartenboden, ausreichend Feuchtigkeit ist wichtig.
So können die Pflanzen genutzt werden: Für Blattsalate, gedünstet.
Empfehlenswerte Sorten: 'Escariol', 'Bubikopf'.
Besonderheiten: Verträgt leichten Frost.

Foto: Dr. Brunhilde Bross-Burkhardt

Die Erntezeit reicht bis in den Winter hinein; durch Abdecken mit Tüchern oder Vlies lässt sie sich in nicht allzu frostigen Wintern bis in den Januar hinein verlängern. Endiviensalat kann man auch ausgraben und samt der Wurzel eine Zeit lang in einem kühlen Raum lagern.

Für die Küche

Endiviensalat lässt sich natürlich am besten als Salat zubereiten. Den leicht bitteren Geschmack mildert man mit einem süßlichen Dressing etwas ab oder serviert ihn zusammen mit Äpfeln oder Orangen. Weniger gebräuchlich ist die Methode, den Endiviensalat wie Spinat zuzubereiten.

Foto: Dr. Brunhilde Bross-Burkhardt

Feldsalat, Ackersalat, Rapunzel

„Rapunzel, lass dein Haar herunter …“ – Wer kennt es nicht, das Märchen der Brüder Grimm? Und alles fängt damit an, dass Rapunzel, nämlich Feldsalat, aus einem nachbarlichen Garten gestohlen wird. Schon 1812, als das Märchen verfasst wurde, und noch viel früher, war Feldsalat bekannt und beliebt.

Und noch immer ist der Feldsalat oder Ackersalat *(Valerianella locusta)* unentbehrlich für den winterlichen Salatteller. Mit seinem milden, nussigen Geschmack muss man ihn einfach mögen. Feldsalat aus der Familie der Baldriangewächse wächst in Süddeutschland wild auf mageren Wiesen, auf Äckern, an Böschungen und in Weinbergen. Die Blattrosetten für den Salat sind früher aus Wildbeständen gesammelt worden. Die Blätter des Feldsalats sind je nach Sorte rundlich, länglich oder löffelblättrig. Die als Rosette angeordneten Blätter liegen je nach Sorte flach dem Boden an – so wie die Standardsorte 'Dunkelgrüner vollherziger' – oder sie stehen aufrecht. Solche aufrecht wachsenden Sorten entsprechen den Anforderungen des Profianbaus, weil sie gut maschinell geerntet werden können. Viele Züchtungen des Feldsalats weisen Resistenzen gegen Rassen des Falschen Mehltaus auf.

So wird's gemacht

Feldsalat wird in der Regel im August und September im Freiland breitwürfig oder in Reihen ausgesät und die Samen in den Saatrillen dabei gut mit dem Rechenrücken festgeklopft. Bis zum Keimen sollten Sie das Beet mit Tüchern oder alten Säcken abdecken und das Abdeckmaterial am Rand mit Steinen oder Holzbrettern beschweren. Ganz wichtig ist auch, das Saatbeet feucht zu halten. Bei milder Witterung gelingt es sogar, den Feldsalat zu überwintern, sodass man bei offenem Wetter nach Bedarf und schon früh im folgenden Jahr ernten kann.

Wer Feldsalat selbst im Garten kultivieren möchte, hat die Wahl zwischen vielen Sorten:

'Dunkelgrüner vollherziger': alte Standardsorte mit kernig-nussigem Geschmack:

'Elan': sehr raschwüchsig, besonders für den Anbau im Kleingewächshaus

'Holländischer, breitblättriger': große, hellgrüne Blätter

'Medaillon': kompakt wachsende Sorte mit dunkelgrünen, breitrunden Blättern, für nahezu ganzjährigen Anbau im Freiland

'Rodion': grüne Keimblätter, dunkelgrüne Blätter

'Valentin': dunkelgrün, ertragssicher

'Vit': raschwüchsig, hoher Ertrag, aufrechter Blattstand, für den ganzjährigen Anbau im Gewächshaus

Für die Küche

Die klassische Zubereitung erfolgt als Salat mit einem Joghurt- oder Öldressing. Gehackte Walnüsse unterstreichen die nussige Note der Blätter. Mit den kleinen Rosetten lassen sich schöne Dekorationen herstellen.

Schnellinfo

Für Kasten und Kübel geeignet

Aussaat/Pflanzung: Aussaat im August und September in Reihen oder breitwürfig, auch die Kultur im Gewächshaus möglich.
Ansprüche im Garten: Nahrhafter Gartenboden, regelmäßig gießen.
So können die Pflanzen genutzt werden: Für Salate, Dekorationen.
Empfehlenswerte Sorten: (Siehe Übersicht.)
Besonderheiten: Sehr schmackhaftes Wintergemüse.

Gartenmelde

Die Gartenmelde *(Atriplex hortensis)* stammt ursprünglich aus Vorder- und Zentralasien und Sibirien und kam mit den Römern nach Deutschland. Sie war im 12. Jahrhundert vor allem als Heilpflanze bekannt, wurde aber auch als Gemüse zubereitet. Doch mit Ausbreitung des Spinats verlor sie nach und nach an Bedeutung und wird erst wieder in unseren Tagen als Gemüserarität entdeckt.

Von der mit dem Ackerunkraut Melde verwandten Gartenmelde gibt es grün-, gold- und rotblättrige Sorten und einige Übergangsformen, die gestreifte oder kupferfarbige Blätter aufweisen. Vor allem die Rote Melde *(Atriplex hortensis* 'Rubra'*)* sieht im Garten wegen ihrer auffallenden dunkelpurpurnen Farbe und ihres hohen Wuchses interessant aus und passt nicht nur ins Gemüsebeet, sondern auch in Staudenpflanzungen. Wenn sie sich bis zur Blüte entwickeln kann, wird ein einzelnes Exemplar mitunter bis zu 2 m hoch und höher und bildet reichlich weit ausladende Seitenäste aus. Allerdings bedrängt und unterdrückt sie dann auch andere Pflanzen, die in der Nähe wachsen.

Meldesamen sind schwer zu bekommen, lediglich einige biologische Saatgutbetriebe bieten Samen an. Meistens tauschen Liebhaber Samen der Pflanze untereinander aus. Es lohnt sich aber auch, bei Erhaltungsvereinen nachzufragen (siehe Nützliche Adressen Seite 142), die sicher weiterhelfen können.

So wird's gemacht

Gegenüber dem Spinat hat die Gartenmelde einige Vorteile: Sie ist schnellwachsend, widerstandsfähig und leichter zu kultivieren. Außerdem ist sie kaum krankheitsanfällig. Wer einmal an Saatgut gekommen ist, kann immer einige Pflanzen stehen lassen, die dann Schossen und Samen produzieren, die zur Nachzucht verwendet werden können.

Säen Sie in Reihen mit einem Abstand zwischen den Reihen von 30–40 cm. Gartenmelde ist zwar anspruchslos und wächst auch im Schatten und Halbschatten, an einem sonnigen Platz auf einem gut mit Nährstoffen versorgten Boden gedeiht sie aber besonders gut. Bei Trockenheit können die Blätter hart werden, regelmäßiges Gießen lohnt sich also. Bereits nach 6–8 Wochen kann mit der Ernte begonnen werden. Entweder schneidet man den Bestand bei einer Höhe von etwa 25 cm ganz ab, oder man zupft nur einige Blätter nach Bedarf und lässt die Pflanzen höher werden. Die Vorgehensweise hängt allerdings auch vom Platz ab, der für den Garten zur Verfügung steht.

Alternativen

Ebenso verwenden lässt sich das Ackerunkraut Weißer Gänsefuß *(Chenopodium album)*. Der dekorative Riesen-Gänsefuß oder Baumspinat *(Chenopodium giganteum)* gefällt mit seiner magentafarbenen Zeichnung an Trieben und Blättern.

Für die Küche

Die jungen, leicht bemehlten Blättchen lassen sich roh für Salate und gedünstet nutzen. Alle Rezepte, die es für Spinat gibt, können auch mit Gartenmelde zubereitet werden. Aufläufe, Lasagne und Suppen sind besonders beliebt. Die roten Blätter machen sich gut als Tellerdekoration.

Schnellinfo

Aussaat/Pflanzung: Aussaat in Reihen; junge Pflänzchen lassen sich verpflanzen.
Ansprüche im Garten: Nährstoffreicher Boden, sonniger Platz.
So können die Pflanzen genutzt werden: Junge Blätter werden wie Spinat zubereitet, auch frisch zum Dekorieren.
Empfehlenswerte Sorten: Grüne, rote, vollrote, rot gestreifte, violette und goldenblättrige Sorten.
Besonderheiten: Manche Sorten werden sehr hoch und treiben Seitenäste; hoher Zierwert.

Giersch

Das Ansehen von Giersch *(Aegopodium podagraria)* rangiert in den meisten Gärtnerkreisen nicht sehr hoch, und das liegt daran, dass er mit seinem enormen Ausbreitungsdrang weite Flächen besiedeln kann.

Dabei hat diese Wildpflanze doch auch viele „gute Seiten". Je nach Region wird er mit treffenden Namen bedacht. Er heißt auch Gichtkraut oder Zipperleinkraut, weil er tatsächlich früher zum Kurieren von Gicht und Rheuma verwendet worden ist, dies sowohl innerlich in Form von Salat, Gemüse oder Tee als auch äußerlich in Form von Umschlägen mit dem gequetschten Blattwerk.

In der Volksmedizin gilt Giersch als harntreibend und entwässernd. Er enthält viel Provitamin A, Vitamin B, Mineralsalze und ätherische Öle.

Sammeln anstatt anbauen

Ab März treibt Giersch aus. An den charakteristischen doppelt dreizähligen Blättern und dem dreieckigen Blattstiel ist er leicht zu erkennen.

In vielen schon länger bewirtschafteten Gärten wächst Giersch als Beikraut oft sehr flächendeckend unter Sträuchern, zwischen den Beeren oder im Staudenbeet; das ausdauernde Kraut liefert fortwährend reichlich Nachschub zum Ernten. Wildkräuterfreunde sollten jedoch nicht auf die Idee kommen, den Giersch im Garten anzusiedeln, denn er ist durch seine Ausläuferbildung sehr lästig und wirklich ein schlimmes Wurzelbeikraut. Allenfalls die hübsche weiß panaschierte Sorte 'Variegata', die nicht so stark wuchert, kann man sich als Zierstaude vorstellen. Wenn der Giersch jedoch schon einmal da ist, kann man sich mit ihm auch arrangieren und ihm in wilden Ecken freien Lauf lassen. Auf Flächen, die ständig bearbeitet werden – auf Gemüsebeeten und auf dem Acker –, kann er sich nicht halten. Ganz unvoreingenommen betrachtet, sieht er zur Blütezeit mit seinen cremefarbenen Doldenblüten sehr hübsch aus. – Ein freundlich wirkender Bodendecker, der dazu nichts kostet.

Foto: Dr. Brunhilde Bross-Burkhardt

Für die Küche

Heute wird Giersch von gesundheitsbewussten Menschen als Wildgemüse sehr geschätzt und vor allem im Frühjahr als blutreinigende Frühjahrskur zusammen mit anderen Kräutern verwendet. Die noch jungen Blätter sind zart und schmackhaft und werden am besten im März und April geerntet, ältere Blätter sind hart und schmecken zu intensiv. Giersch kann wie Spinat zubereitet werden; Aufläufe, Suppen und Gemüsegerichte sind etwas ganz Besonderes, vor allem wenn sie mit Brennnesseln, Bärenklau und Taubnesseln gemischt werden. Die rohen, würzig-herb schmeckenden Blätter bereichern Salate und taugen sogar als Tellerdekoration.

Schnellinfo

Aussaat/Pflanzung: Auf keinen Fall sollten Sie im Garten Giersch säen oder pflanzen.

Ansprüche im Garten: Giersch wächst auf nährstoffreichem humosem Boden, bei ständiger Bearbeitung der Fläche zieht er sich zurück.

So können die Pflanzen genutzt werden: Junge Blätter frisch für Salat, Kräuterquark, als Spinatersatz, für Frischpresssaft.

Empfehlenswerte Sorten: Außer der Wildart gibt es die weißbunte Form 'Variegata'.

Besonderheiten: Wird meistens als lästiges Beikraut eingestuft.

Für Kasten und Kübel geeignet

Guter Heinrich, Wilder Spinat

Der Gute Heinrich *(Chenopodium bonushenricus)* war früher weit verbreitet, hauptsächlich im dörflichen Umfeld um die Dunglegen an den Bauernhäusern und an anderen nährstoffreichen Standorten. Er ist ein geschätztes Gänsefußgewächs, das in manchen Regionen auch als „Wilder Spinat" bekannt ist. Heute wächst der Gute Heinrich kaum noch wild, allenfalls auf abgelegenen Hofstellen, in nicht zu aufgeräumten Dörfern und in Freilandmuseen als rares Relikt der wertvollen Dorfflora. In Feinschmeckerkreisen ist das Kraut jedoch begehrt.

Den Guten Heinrich muss man einmal bewusst gesehen und befühlt haben. Er hat etwas Ähnlichkeit mit der Gartenmelde, sieht mit seinen grünen ährigen Blütenständen aber eher unscheinbar aus. Charakteristisch sind die bis 10 cm breiten und langen, dreieckigen bis spießförmigen Blätter, die leicht bemehlt sind. Beim Anfassen spürt man die „Mehl"-Schicht.

So wird's gemacht

Der Gute Heinrich ist ein ausdauerndes Gewächs, eine Staude, die jährlich wiederkommt. Kräutergärtnereien verkaufen Saatgut und Pflanzen. Am besten säen Sie die feinen

Samen in der Reihe; soll er verwildert werden, ist eine breitwürfige Aussaat besser. Günstige Zeitpunkte sind im Frühjahr und im Spätsommer nach der Samenreife. Schon bald zeigen sich die ersten pfeilförmigen Blätter. Zum Sommer hin mit den länger werdenden Tagen „schießt" die Pflanze wie der Spinat. Die blühenden Pflanzen werden etwa 80 cm hoch. Wenn Sie die Pflanzen blühen und zur Samenreife kommen lassen, versamen sie sich. Es kann so weit kommen, dass mehr Sämlinge erscheinen, als einem lieb ist, denn der Samenansatz ist enorm. Es empfiehlt sich, direkt an Ort und Stelle zu säen, da die Sämlinge und Jungpflanzen lange strunkige Wurzeln bilden und sich nur schwer verpflanzen lassen.

Geerntet werden ab dem zweiten Standjahr ab April die jungen Blätter bis zur Blüte. Es ist aber auch möglich, die Sprosse wie Spargel zu ernten. Dafür häufelt man die Stängel im zweiten Anbaujahr so weit wie möglich an. Sie bleichen und können im Frühsommer bis Sommer „gestochen" werden.

Die Staude kann auch gut in Töpfen und Kübeln über mehrere Jahre wachsen. Wählen Sie aber ein großes tiefes Gefäß aus, damit sich die Wurzeln gut entfalten können.

Foto: Dr. Brunhilde Bross-Burkhardt

Für die Küche

Der Gute Heinrich lässt sich genauso wie Spinat für Aufläufe, Maultaschen und Strudel verwerten. Geerntet werden die jungen Triebspitzen und die jungen Blätter. Ältere Blätter werden hart und etwas bitter. Einzelne, ganz junge Blätter kann man in Blattsalate mischen. Die Blätter welken sehr schnell, wenn sie erst einmal geerntet wurden. Eine schnelle Verarbeitung ist deshalb sinnvoll. Es ist ebenfalls möglich, blanchierte Blätter einzufrieren.

Schnellinfo

Aussaat/Pflanzung: Aussaat im März, Pflanzung im Frühjahr oder Herbst.

Ansprüche im Garten: Nährstoffreicher Boden, sonniger Platz.

So können die Pflanzen genutzt werden: Junge Blätter wie Spinat zum Dünsten, für Aufläufe, Suppen, Quark.

Empfehlenswerte Sorten: Nur die Wildart.

Besonderheiten: Massengemüse für die Wildkräuterküche.

Für Kasten und Kübel geeignet

Hirschhornwegerich

Wer auf der Suche nach einem ungewöhnlichen Blattsalat ist, sollte sich einmal an den Hirschhornwegerich *(Plantago coronopus)* wagen. Vielleicht haben Sie ihn unbewusst schon einmal in einer Mischung bunter Blattsalate gegessen. In Norditalien und im Tessin wird er heute noch als Salatgemüse angebaut.

Der Hirschhornwegerich oder Krähenfußwegerich ist eine salzverträgliche mehrjährige Rosettenpflanze, die an den Küstenregionen Europas wild vorkommt; er ist auch schon entlang der Autobahnen gefunden worden. Im Binnenland muss er gesät oder gepflanzt werden. Dagegen sind seine Brüder Spitzwegerich und Breitwegerich Allerweltspflanzen, die fast überall auf Wegen, in Plattenfugen, an Wegrändern und auf Wiesen wachsen.

Die Blätter des Hirschhornwegerichs sind schmäler als die anderer Wegeriche und außerdem noch wie Hirschgeweihe oder Krähenfüße geschlitzt. Aus der Rosette erheben sich die steifen blattlosen Stiele mit den ährenartigen Blütenständen an der Spitze. Hirschhornwegerich ist sehr kälteverträglich und winterhart.

So wird's gemacht

Hirschhornwegerich ist eine ausdauernde wintergrüne Pflanze, die auch gut auf sonnigen Gartenbeeten in nährstoffreichem, humosem Boden wächst. Man sät ihn so wie Salat oder Möhren in Reihen mit etwa 20 cm Abstand. Bereits nach sechs Wochen kann man die ersten Blättchen ernten. Schonen Sie bei der Ernte immer das Herz der Pflanze, damit sie gut wieder neu austreiben kann. Hirschhornwegerich-Samen sind nur bei speziellen Anbietern erhältlich. Manche Misticanza-Saatgutmischungen enthalten Hirschhornwegerichsamen. Da der Hirschhornwegerich eine Pfahlwurzel ausbildet, ist das Verpflanzen schwierig. In kalten Lagen empfiehlt es sich, im Winter Frostschutz aufzulegen. Man kann die grünen Blätter fast das ganze Jahr über ernten. Die Blätter sind fleischig und haben einen leicht salzigen und bitteren Geschmack.

Alternativen

Von den anderen Wegericharten ist nur der Spitzwegerich essbar. Die Blätter des Mittleren Wegerichs und des Breitwegerichs sind zu hart.

Für die Küche

Einen etwas salzigen, bitteren Geschmack haben erstaunlicherweise vor allem die jungen Blätter, die älteren schmecken zarter. Allerdings bereichern gerade die jungen Blätter durch ihren speziellen Geschmack frische Salate. Ältere Blätter können wie Spinat zubereitet werden. Auch Suppen mit Hirschhornwegerich sind eine Spezialität.

Schnellinfo

Für Kasten und Kübel geeignet

Aussaat/Pflanzung: Aussaat ab März bis September in Reihen.
Ansprüche im Garten: Nährstoffreicher, humoser Boden.
So können die Pflanzen genutzt werden: Blätter für Salate, wie Spinat.
Empfehlenswerte Sorten: Nur die Art, allenfalls Herkunftsbezeichnungen.
Besonderheiten: Wächst an der Meeresküste und auf leicht salzhaltigen Böden wild.

Foto: Dr. Brunhilde Bross-Burkhardt

Kapuzinerkresse

Die Kapuzinerkresse *(Tropaeolum majus)* kennt man normalerweise als einjährige Sommerblume. Doch es hat sich mittlerweile herumgesprochen, dass man Blüten, Blätter und Samen auch essen kann.

Allein die Gestalt der Kapuzinerkresse ist sehr auffallend und beeindruckend. Sie ist von üppigem Wuchs mit großen runden Blättern an langen brüchigen Stängeln und mit weit geöffneten, gelben, orangefarbenen oder roten Blüten, die ihren Schlund dem Betrachter entgegenrecken. Wegen ihrer Blütenform, die der Kapuze der Kapuzinermönche ähnelt, erhielt sie ihren Namen. Auf dem Gartenbeet entwickelt sich das Blattwerk der Kapuzinerkresse im Spätsommer und Herbst bei feuchtem Wetter besonders üppig. Eine einzige Pflanze kann mit ihren großen Blättern mehrere Quadratmeter bedecken. Beim ersten leichten Frost fällt die Pracht jedoch in sich zusammen.

So wird's gemacht

Kapuzinerkresse lässt sich leicht selbst kultivieren – auf dem Gartenbeet genauso wie in Kästen und Kübeln auf Terrasse und Balkon. Die großen Samenkörner machen es den Kräutergärtnern leicht. Man steckt sie zum Keimen Ende April oder im Mai in Aussaaterde.

Die Erde hält man feucht und pflanzt nach den Eisheiligen, also nach Mitte Mai ins Freie. Je nach Sorte breitet sich die Kapuzinerkresse mehr oder weniger aus. Manche Sorten klettern sogar. Bei der Kultur auf dem Gartenbeet kann man die Pflanzen sich weitgehend selbst überlassen, abgesehen vom Gießen bei Sommerhitze. Bei der Kultur in Gefäßen muss man auf eine gute Versorgung mit Nährstoffen achten, damit sich die Pflanzen gut entwickeln. Wenn man das nicht tut, vergilben die älteren Blätter und es bilden sich kaum noch neue Blüten. Die Blütenbildung lässt sich, wie bei allen anderen Pflanzen, durch Ausknipsen der reifenden Samenkörner fördern.

Foto: Dr. Brunhilde Bross-Burkhardt

Schnellinfo

Aussaat/Pflanzung: Aussaat von April bis Mai; Pflanzung ab Mitte Mai.
Ansprüche im Garten: Nährstoffreicher, feuchter Boden, sonniger Platz.
So können die Pflanzen genutzt werden: Blätter fein geschnitten im Salat, zur Dekoration, Blüten und Samenkörner als essbare Dekoration auf Salaten, Quark und anderen pikanten Zubereitungen.
Empfehlenswerte Sorten: 'Alaska'-Serie mit panaschierten Blättern; es gibt rankende, vorwiegend rankende und buschig wachsende Sorten.
Besonderheiten: Die Kapuzinerkresse ist kälteempfindlich und erfriert beim ersten Frost.

Für Kasten und Kübel geeignet

Für die Küche

Blätter und Blüten schmecken mild bis scharf – ein klein wenig wie Gartenkresse, aber mit dem unverwechselbaren Hauch der Kapuzinerkresse. Die unreifen – essbaren – Samen sind allerdings wesentlich schärfer. Versuchen Sie es einmal, sie in eine Essiglösung als „Falsche Kapern" einzulegen. Als Kapernersatz eignen sich auch die Blütenknospen. Die frischen Blätter kann man klein geschnitten als Würze zu Blattsalaten geben oder unter Kräuterquark mischen. Zum Trocknen taugen die fleischigen Blätter nicht. Köchinnen und Köche mit Sinn fürs Dekorative geben ganze Blätter und Blüten als essbare Zierde zum Salat.

Foto: Dr. Brunhilde Bross-Burkhardt

Knoblauchrauke

Fast jeder hat die Knoblauchrauke *(Alliaria petiolata)* im Garten oder bei Spaziergängen schon gesehen. Sie ist eigentlich ein Allerweltsgewächs, das fast überall in Deutschland an Wegrändern, vor Hecken und Gebüschen wächst und erst in letzter Zeit wieder als essbares Kraut entdeckt wurde. Sie wächst vor allem an schattigen, leicht feuchten und nährstoffreichen Stellen.

Die Blätter mit ihrer typischen Nierenform erscheinen sehr bald im Frühjahr, schon im März. Nach wenigen Wochen schiebt sich die Pflanze mit einem aufrechten Stängel nach oben und beginnt zu blühen, oft schon zur Tulpenblütenzeit. Die Blätter, die am Stängel sitzen, sind kürzer gestielt als die Basisblätter und im Unterschied zu diesen herzförmig dreieckig, zugespitzt und buchtig gezähnt.

Wird die Knoblauchrauke im Lauf des Sommers abgeschnitten, schiebt sie neue Blütentriebe nach, bis schließlich zum Herbst hin der Stängel dürr wird. Doch zu dieser Jahreszeit erscheinen schon wieder neue junge Blätter. Wer an den Blättern reibt, wird verblüfft sein: Deutlicher Knoblauchduft ist da zu erschnuppern.

Zum Sammeln geeignet

Es wird kaum jemand auf die Idee kommen, die Knoblauchrauke gezielt im Garten anzusiedeln. Sollten Sie es dennoch versuchen wollen – Sie haben sicherlich Erfolg. Samen kann man von wild wachsenden Exemplaren sammeln – die kleinen Schoten mit den Samen sind leicht zu erkennen – und im Garten an Weg- und Heckenrändern ausstreuen. Auch als Musterexemplar für einen kleinen botanischen Kräutergarten kann die Knoblauchrauke herhalten. Fürs Gartenbeet und für Kübel und Kästen wächst die Knoblauchrauke jedoch zu wild – es sei denn, Sie wollten professionell Wildkräuter vermarkten. Bei eventueller Kultur sollten Sie beachten, dass die Knoblauchrauke zweijährig bis ausdauernd wächst. Ihr Erscheinungsbild hängt auch von der Nährstoff- und Wasserversorgung und von der Belichtung ab. Bei guter Nährstoffversorgung ist die Pflanze insgesamt größer (bis 90 cm hoch) und üppiger, mit dunkelgrünem Blattwerk; auf magerem Boden dagegen bleibt sie mickrig klein.

Für die Küche

Der Knoblauchgeschmack ist zwar bei Weitem nicht so intensiv wie beim richtigen Knoblauch, er genügt aber, um der Salatsoße oder dem Quark einen sehr würzigen Hauch zu geben, und mehr soll es ja oft auch gar nicht sein. Versprechen Sie sich jedoch nicht zu viel von diesem Wildkräutchen. Die Blätter der Knoblauchrauke sollten ganz jung verwendet und klein geschnitten werden; ältere Blätter werden hart. Zum Dekorieren von Butterbroten bieten sich die wohlgeformten Blätter geradezu an. Das Trocknen der Blätter lohnt sich; sie können aber auch tiefgefroren werden.

Schnellinfo

Aussaat/Pflanzung: während der ganzen Vegetationsperiode.
Ansprüche im Garten: Nährstoffreicher Boden, halbschattiger bis schattiger Platz.
So können die Pflanzen genutzt werden: Junge Blätter für Salatsoße, als Dekoration.
Empfehlenswerte Sorten: Nur die Wildart.
Besonderheiten: Bringt als eines der ersten Wildgewächse im Frühjahr grüne Blätter zum Würzen.

Löffelkraut

Wer sich mitten im Winter gern mit grünem Blattsalat aus dem Garten versorgen möchte, sollte sich mit dem Löffelkraut anfreunden. Es trägt seinen Namen zurecht, denn die Blätter gleichen kleinen Löffeln. Das Echte Löffelkraut *(Cochlearia officinalis)* aus der Familie der Kreuzblütler ist an der Nordseeküste auf salzhaltigen Böden zu Hause und wurde schon zu Zeiten der Wikinger über den Winter genutzt und auch auf Seereisen mitgenommen. Um sie haltbar zu machen, wurden die Blätter eingesalzen. In früheren Zeiten, als es noch keine Südfrüchte gab, war das Löffelkraut eine wichtige Winternahrung und versorgte die Menschen mit lebensnotwendigem Vitamin C gegen Skorbut.

In Süddeutschland kennt man das Löffelkraut kaum, denn es liebt eher kühles Klima, und im Süden gibt es meistens keine idealen Standorte. Die Kultur kann auf leicht feuchtem Boden und an Plätzen, wo es eher kühl bleibt, gelingen. Das Löffelkraut blüht im Frühjahr weiß und duftet. An Orten mit idealen Lebensbedingungen versamt es sich und wird zum Dauergast im Garten. Gelegentlich bieten Kräutergärtnereien auch das Dänische Löffelkraut *(Cochlearia danica)* an, das an der Küste Dänemarks wild wächst.

So wird's gemacht

Auf frischen bis feuchten und leicht lehmigen Böden ist ein Anbau von Löffelkraut durchaus möglich. An sich ist das Kraut sehr anspruchslos, auf guten Standorten steigert sich aber der Ertrag. Im März und April wird ausgesät, und wenn die Temperaturen dauerhaft über 15 °C liegen, geht die Keimung schnell vonstatten. Meist ist eine erste Ernte dann schon nach vier Wochen möglich.

Löffelkraut ist winterhart und in den meisten Fällen auch wintergrün. Die frischen, würzigen Blätter können auch in den Wintermonaten geerntet werden und liefern somit auch in der kalten Jahreszeit wertvolles, vitaminreiches Frischgemüse.

Für die Küche

Die sukkulenten, dickfleischigen Blätter sitzen auf langen Stielen und schmecken kresseartig scharf. Sie enthalten viel Vitamin C.

Der kräftige Geschmack kann mit dem von Brunnenkresse verglichen werden. In der Küche verwendet man nur die frischen Löffelkrautblätter, die gemischte Salate, Kräuterquark, Kräuterbutter, Remouladen oder auch das Butterbrot zu etwas ganz Besonderem machen. Frisch gehackte Blätter können außerdem kurz vor dem Servieren über warme Gerichte wie Suppen und Aufläufe gestreut werden und ihnen eine raffinierte, scharf-würzige Note verleihen. Auch die weißen Blüten, die je nach Witterung etwa Anfang Mai erscheinen, sind essbar. Mit ihnen können Salate, kalte Vorspeisen und Suppen verfeinert werden.

Schnellinfo

Aussaat/Pflanzung: Aussaat im Frühjahr; Pflanzung im Herbst.
Ansprüche im Garten: Frischer, feuchter Boden, schattiger Standort, kühles Klima wird bevorzugt.
So können die Pflanzen genutzt werden: Die Blätter für Salat, Quark, aufs Butterbrot, zur Dekoration, die essbaren Blüten zur Dekoration.
Empfehlenswerte Sorten: Nur die Art.
Besonderheiten: Ernte im Winter.

Für Kasten und Kübel geeignet

Löwenzahn

Löwenzahn *(Taraxum officinale)* als Kulturpflanze? Das klingt zunächst etwas befremdlich, weil dieser Korbblütler doch eher als Wildkraut Wiesen und Fluren über und über mit gelben und weißen Farbtupfern „anmalt". Im Garten ist Löwenzahn dagegen nicht unbedingt beliebt, denn seinem Ausbreitungsdrang wird man kaum Herr; für Feinschmecker ist Löwenzahn dagegen etwas ganz Besonderes. In den westlichen Regionen Deutschlands, im Grenzgebiet zu Frankreich und Belgien, wird der Löwenzahn als Gemüsedelikatesse geschätzt und roh oder gedünstet zubereitet.

Auf den verschiedensten Standorten kann man Löwenzahn finden, auf Wiesen und Weiden, auf Rasenflächen, an Wegrändern, bis in eine Höhe von 2500 m; er ist eine der anspruchslosesten Pflanzen überhaupt. Es ist nicht nötig, die Staude näher zu beschreiben; jedes Kind kennt die gezähnten Blätter, die Milchsaft führenden Stängel, die gelben Zungenblüten und die kleinen weißen Samenschirmchen, die der Pflanze den Namen Pusteblume eingetragen haben.

Aus Natur und Garten

In der Küche werden sowohl der wild aufgegangene Löwenzahn als auch speziell ausgesäte Kultursorten verwendet. Der wilde Löwenzahn sollte ganz jung geerntet werden, solange die Blätter noch hellgrün und zart sind. Man kann einzelne Blätter ernten oder ganze Rosetten abschneiden. Wer einen großen Bedarf an dem Bitterkraut hat, wird Löwenzahn gezielt auf dem Gartenbeet aussäen, genauso wie Salat und Rettich. In nährstoffreicher Erde bilden sich üppige Blattrosetten, die sich gut für Küchenzwecke ernten lassen. Nach dem Abschneiden treibt die Pflanze aus der rübenartigen Wurzel neue, etwas kleinere Blattschöpfe, die wieder ideal für die Salatschüssel sind.

Auch die Wurzel kann im Herbst geerntet werden. Am besten macht man das möglichst spät, denn umso süßer schmecken die Wurzeln.

Löwenzahn kann auch im Topf kultiviert werden, der allerdings ausreichend tief sein sollte, damit sich die Pfahlwurzel entwickeln kann. Im Saatguthandel gibt es spezielle Löwenzahnzüchtungen, die milder als die Wildformen schmecken und breitere Blätter haben. Löwenzahn lässt sich übrigens im Frühjahr gut bleichen. Dazu einfach einen großen Blumentopf oder einen Eimer über die Blattrosetten stülpen. Die gebleichten Blattschöpfe schmecken milder als die dem Licht ausgesetzten.

Für die Küche

Verwenden Sie eher junge zarte Löwenzahnblätter, die noch hellgrün sind; ältere, dunkelgrün gefärbte Blätter schmecken oft sehr bitter. Frühlingssalate mit Löwenzahn gelten als Frühjahrskuren und die Blüten können ebenfalls verzehrt werden. Sie passen in den Blütensalat. Löwenzahn kann aber auch wie Spinat gedünstet werden.

Für den bitteren Geschmack sind zum Teil Taraxinsäureglucoside verantwortlich. Bitterstoffe sind generell gut für die Verdauung und den Stoffwechsel. Interessanterweise gewöhnt sich der Gaumen sehr schnell an das Bittere. Besonders viele Bitterstoffe enthalten die Löwenzahnwurzeln. Die lassen sich in Form von Teeaufgüssen oder Frischpresssaft zubereiten. Dieser Saft soll schweißtreibende und stärkende Wirkung haben.

Schnellinfo

Aussaat/Pflanzung: Im Frühjahr von März bis Mai.

Ansprüche im Garten: Sehr anspruchslos, spezielle Züchtungen für den Garten gedeihen gut auf nährstoffreichem Gartenboden.

So können die Pflanzen genutzt werden: Junge Blätter für Salat, auch gedünstet, Blüten für Salat, Wurzel für Tee.

Empfehlenswerte Sorten: 'Löwenzahn Verbesserter Vollherziger', 'Krausblättriger Löwenzahn', 'Mausers Treib'.

Besonderheiten: Nicht zur Samenreife und zum Aussamen kommen lassen.

Für Kasten und Kübel geeignet

Pimpinelle

Eigentlich sollte die Pimpinelle *(Sanguisorba minor)*, die korrekterweise Kleiner Wiesenknopf heißt, zum Standardrepertoire eines jeden Kräutergärtchens gehören, und sicher wächst sie auch schon mancherorts. Die ausdauernde Staude ist eine einheimische Wildpflanze, die an trockenen Böschungen und auf trockenen Wiesen wächst. Sie war früher auch unter einer Vielzahl anderer Namen bekannt, zum Beispiel Blutströpfchen, Bibernelle und Drachenblut. Die häufigere Erwähnung von „Blut" in den Namen rührt daher, dass sie früher vor allem als blutstillendes Kraut eingesetzt wurde. Die Pimpinelle wächst horstartig. Man erkennt sie sehr gut an ihren langen, einfach gefiederten Blättern, deren einzelne Fiederblättchen rundlich und leicht gesägt sind. Auf der Blattunterseite sind sie blaugrün. Je nach Alter und Standort kann die Pimpinelle unterschiedlich groß werden: An trockenen, nährstoffarmen Plätzen bleibt sie klein, an feuchteren Orten und im Garten wird sie größer. Der Kleine Wiesenknopf schiebt seine aufrechten Triebe mit den knöpfchenartigen Blütenständen von Juni bis September. Dann werden die Blätter hart.

So wird's gemacht

Pimpinelle kann problemlos gesät werden. Die beste Zeit dafür ist der April. Ein Abstand von 30 x 30 cm sollte zwischen den Pflanzen eingehalten werden. Eine schnellere Ernte bekommen Sie jedoch, wenn Sie sie pflanzen. Das Kraut ist anspruchslos und wächst auch auf nährstoffarmen Standorten, die allerdings nicht zu trocken sein sollten. Je besser der Boden, desto milder werden die Blätter im Geschmack. Eine Pflanze genügt normalerweise für einen Haushalt, denn es werden immer nur einige klein gehackte Blätter den fertigen Speisen zugefügt.

Vor der Blüte werden die Blätter nach Bedarf abgezupft.

Im Garten schneidet man die abgeblühten Stängel und dürr gewordene Blätter ab, um den Neuaustrieb zu fördern. Bis zum Spätsommer oder Frühherbst entwickelt sich wieder üppig neues frischgrünes Blattwerk.

Das kleine Kräutchen wächst auch in Kübeln und Kästen auf Balkon und Terrasse problemlos. Hier ist eine gute Wasser- und Nährstoffversorgung sogar noch besser kontrollierbar als im Garten.

Foto: Dr. Brunhilde Bross-Burkhardt

Für die Küche

Die Blätter der Pimpinelle sind eine ideale Würze für Salate und Kräuterquark. Sie schmecken intensiv nach Gurke. Zu viel sollte man allerdings nicht von dem vorlauten Kräutchen verwenden. Und ganz wichtig: Die Blättchen fein wiegen und dabei die etwas harte Mittelrippe zerkleinern oder ganz entfernen.

Für die meisten Rezepte, zum Beispiel für Salatsoßen, werden nur wenige Blättchen benötigt. Anders ist es in Frankfurt und Umgebung, wo der Bedarf an diesem Kraut für die Frankfurter Grüne Soße sehr groß ist.

Schnellinfo

Aussaat/Pflanzung: Aussaat im April; Pflanzung im Frühjahr oder Herbst.
Ansprüche im Garten: Anspruchslose Pflanze, auf besseren Böden entwickeln sich milder schmeckende Blätter; sonniger Platz.
So können die Pflanzen genutzt werden: Junge Fiederblättchen.
Empfehlenswerte Sorten: Nur die Art.
Besonderheiten: Feines Gurkenaroma.

Portulak

Was ist eigentlich Portulak? Unter diesem Begriff werden unterschiedliche Arten und Unterarten zusammengefasst, die vor allem in den verschiedenen Nutzungszeiträumen differieren. Vor dem Kauf von Saatgut sollten Sie also genau wissen, was für einen „Portulak“ Sie anbauen möchten. Normalerweise ist aber der Gemüseportulak *(Portulaca oleracea* subsp. *sativa)* gemeint, der als einjährige Pflanze den Sommer über auf Beeten wächst.

Die Wildform des Portulaks *(Portulaca oleracea* subsp. *oleracea)* wächst ebenfalls als einjähriges Wildkraut, und zwar in Gärten, auf Friedhöfen, in Weinbergen, überall in Pflasterfugen, vorzugsweise auf sandigen, durchlässigen Böden. Die Triebe des wilden Portulaks mit rotem Stängel und dunkelgrünen, fleischigen, verkehrt eiförmigen Blättern liegen dem Boden an. Die gelben Blüten erscheinen von Juni bis Oktober. Diese Wildform ist ebenfalls essbar. Das Kraut verträgt keinen Frost und stirbt im Winter ab.

Mit „Portulak“ kann aber auch der Winterportulak oder Winterpostelein *(Claytonia perfoliata)* gemeint sein. Das sukkulente Gewächs mit den charakteristischen Blättern stammt ursprünglich aus Nordamerika. Winterportulak ist ein immer noch weitgehend unbekanntes Gartenkraut, das im Winter viele Vitamine liefert und dabei gut schmeckt.

So wird's gemacht

Gemüseportulak wird ab Mai in flache Rillen gesät, die nur leicht mit Erde bedeckt werden, denn das Kraut ist ein Lichtkeimer. Der Reihenabstand sollte 20 cm betragen, in den Reihen wird nach dem Auflaufen auf 10 cm Abstand vereinzelt. Von der Aussaat bis zur ersten Ernte dauert es nur etwa vier Wochen. Säen Sie in Sätzen von April bis Oktober. Verschiedene Sorten mit unterschiedlicher Blattfärbung sind im Handel erhältlich. Gegessen werden die fleischigen, leicht salzig schmeckenden jungen Triebe und Blätter.

Winterpostelein eignet sich sowohl für die Kultur im Freiland als auch unter Glas, also im Frühbeet und Gewächshaus. Gesät wird im Freiland ab Ende August bis zum September (im Kleingewächshaus auch den Winter über) in Reihen mit einem Abstand von 10–15 cm.

Erntezeit des Winterposteleins ist vom Herbst bis zum Frühjahr. Schneiden Sie die Blätter mit den langen Stielen am besten büschelweise mit der Schere ab. Verwendbar sind auch blühende Pflanzen (die weißen Blüten scheinen auf dem Blatt zu sitzen), solange sie noch nicht zu hart sind. Der Winterpostelein samt sich aus, wenn man ihn zum Blühen und zur Samenreife kommen lässt. Das kann durchaus erwünscht sein.

Für die Küche

Portulak und Winterpostelein machen in der Salatschüssel zwar nicht viel her, sie sehen aber als Beimischung zu anderen Blattsalaten sehr hübsch aus, und schon einige Blätter und Triebe liefern wertvolle Inhaltsstoffe. Sie können zum Kräuterquark oder zum Schluss zu Suppen oder zu gedünstetem Gemüse gegeben werden. Beim Kochen verlieren sie ihr Aroma.

Schnellinfo

Aussaat/Pflanzung: Gemüseportulak wird in Reihen im April bis Mai ausgesät; Winterportulak wird in Reihen oder breitwürfig von August bis September im Freiland oder Gewächshaus gesät.

Ansprüche im Garten: Nährstoffreicher, eher sandiger Gartenboden; sonniger, warmer Platz.

So können die Pflanzen genutzt werden: Fleischige Blatttriebe und Blätter für Salat, Quark, eingelegtes Gemüse.

Empfehlenswerte Sorten: Gemüseportulak: 'Gelber Breitblättriger', 'Grüner'

Winterpostelein: Nur die Art.

Besonderheiten: Frisch verwenden.

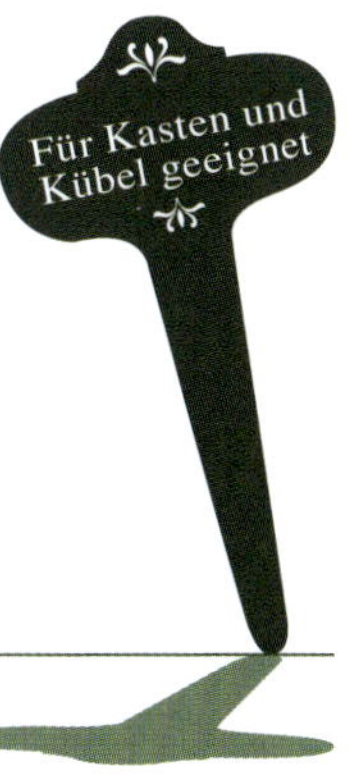

Radicchio

Radicchio *(Cichorium intybus)* ist ein leicht bitter schmeckendes Zichoriengewächs, verwandt mit Endivien- und Zuckerhutsalat sowie Chicorée. Erst in den letzten Jahrzehnten ist der Salat aus Italien zu uns gekommen. Er zählt deshalb nicht zu den alten Gemüsesorten, ist aber trotzdem eine Besonderheit. Radicchio ist vielgestaltig, mit lockeren Rosetten oder kompakten Köpfchen. Die Blattfarbe ist meist purpurrot mit breiten weißen Blattrippen beziehungsweise Blattadern. Die knackigen Radicchioblätter sind unentbehrlich für bunte, winterliche Blattsalate, auch deshalb, weil sie Farbe auf den Teller bringen.

So wird's gemacht

Es gibt Sorten für Sommernutzung und Sorten für Winternutzung. Sommersorten wie 'Indigo' werden von April bis Mai in Reihen direkt aufs Gartenbeet gesät und später bei zu dichtem Stand vereinzelt; sie werden im Lauf des Sommers und Herbstes geerntet. Wintersorten wie 'Palla Rossa' sät man zur gleichen Zeit wie Endiviensalat nach der Sommersonnenwende im Juni und Juli. Damit sich die Köpfchen gut entwickeln können, sollte in weitem Abstand vereinzelt werden. In gut sortierten Gärtnereien gibt es auch Jungpflanzen zu kaufen, die nur gepflanzt werden müssen. Außerdem ist auch eine Voranzucht unter Glas möglich. Bei den Wintersorten bilden sich die Köpfe erst im Spätherbst oder sogar erst im Frühjahr.

Seit einiger Zeit stehen für den Anbau im Hausgarten auch Profisorten zur Verfügung, die kompakter und gleichmäßiger wachsen als ältere Sorten. Wer etwas ganz Besonderes ausprobieren möchte, sollte sich einmal an einer italienischen Spezialität versuchen, nämlich an der cremeweißen, rot und grün gesprenkelten Sorte 'Variegata di Castelfranco'. Sie hat einen sehr milden Geschmack. In Italien werden weitere Sorten kultiviert, die teils nur lockere Rosetten bilden.

Foto: Floramedia

Für die Küche

Die dicht gepackten Blätter muss man vorsichtig vom Kopf ablösen und für die Salatschüssel in mundgroße Stücke zupfen. Oder Sie lassen die Blätter ganz und nehmen sie als Basis zum Anrichten von Vorspeisen. Um den bitteren Geschmack abzumildern, kann man die Blätter für einige Minuten in lauwarmes Wasser legen und die dicken Blattrippen entfernen, in denen die meisten Bitterstoffe sitzen. In Italien ist auch das Grillen und Schmoren von Radicchio üblich, bei uns ist jedoch die Verwendung im Salat gebräuchlich. Er kann auch gedünstet werden, allerdings verliert er bei hoher und längerer Hitzeeinwirkung seine schöne Farbe. Er lässt sich einige Tage bis zu einer Woche im Kühlschrank aufbewahren, ohne zu faulen.

Schnellinfo

Aussaat/Pflanzung: Sommersorten werden von April bis Mai ausgesät, Wintersorten von Juni bis Juli; Auspflanzen im Abstand von 30 x 40 cm.

Ansprüche im Garten: Nahrhafter Boden.

So können die Pflanzen genutzt werden: Blätter für Salate, gedünstet.

Empfehlenswerte Sorten: ' Indigo', 'Variegata di Castelfranco', 'Palla Rossa'.

Besonderheiten: Farbiger, knackiger Salat, lange haltbar.

Für Kasten und Kübel geeignet

Römischer Ampfer

Ein Verwandter des heimischen Sauerampfers, und doch ganz anders: der Römische Ampfer oder Schildampfer *(Rumex scutatus)*. Beide Trivialnamen haben ihre Berechtigung, denn schon die Römer aßen diesen Ampfer, und seine Blätter sind schildartig geformt. Die relativ kleinen Blättchen sind dickfleischig und schmecken säuerlich wie Zitrone. Die unscheinbaren hellrosa Blüten offenbaren sofort die Zugehörigkeit zu den Knöterichgewächsen. Die Pflanze ist übrigens zweihäusig, das heißt, es gibt männliche und weibliche Blüten. Die Blüte erstreckt sich vom Juni bis in den Juli. Es gibt eine grüne und eine silberne Unterart. Vor allem den silberblättrigen Römischen Ampfer kann man als dekorative Zierstaude zur Gartengestaltung einsetzen.

So wird's gemacht

Römischer Ampfer ist anspruchslos und wächst auch auf kargen Böden. Ist der Standort allerdings gut mit Nährstoffen versorgt, kann sich die Pflanze als Bodendecker entwickeln. Neben der Selbstaussaat breitet sich die etwa 30–50 cm hohe Staude zusätzlich mit unterirdischen Ausläufern schnell aus. Pflanzen Sie den Römischen Ampfer deshalb besser an den Rand eines Beets. Genauso gut kann er hinter einer Mauerkrone oder zwischen den Steinen einer Trockenmauer platziert werden, damit er andere Stauden nicht zu sehr bedrängt. Einzelne Stauden können gepflanzt werden. Römischer Ampfer kann aber auch ausgesät werden. Beste Zeit dafür ist ab Mitte März bis April oder Mitte August bis September. In Kübeln und Kästen angepflanzt oder ausgesät stellt er für andere Pflanzen keine Konkurrenz dar.

Spezialisierte Kräutergärtnereien bieten Saatgut oder Pflanzen des Römischen Ampfers an. Normalerweise genügt eine Pflanze pro Haushalt – es sei denn, man hat Hauskaninchen, die den Ampfer auch gern mögen.

Für die Küche

Die Blätter dieser Ampferart können wie Spinat zubereitet werden, man kann sie in Butter dünsten oder als säuerlich zitronige Note zu Suppen geben.

Da ältere Blätter sehr viel Oxalsäure enthalten, ist es ratsam, nur die jungen Blätter zu verwenden.

Schnellinfo

Für Kasten und Kübel geeignet

Aussaat/Pflanzung: März bis April, Pflanzung im Frühjahr oder Herbst.
Ansprüche im Garten: Anspruchslose Staude, die auch auf trockenen Plätzen und in Mauerfugen wächst.
So können die Pflanzen genutzt werden: Frische junge Blätter für Salat, zubereitet wie Spinat, als Tellerdekoration.
Empfehlenswerte Sorten: Grünblättriger und silberblättriger Römischer Ampfer.
Besonderheiten: Vor allem die jungen Blätter enthalten Oxalsäure, die für Nierenkranke schädlich sein kann.

Sauerampfer

Der Sauerampfer *(Rumex acetosa)* ist ein ausdauerndes Gewächs aus der Familie der Knöterichgewächse. Er treibt jedes Jahr von Neuem sein üppiges Blattwerk. Sauerampfer wächst in vielen Regionen Deutschlands wild auf Wiesen, an Böschungen und Wegrändern. Er bevorzugt etwas feuchteren Boden, gedeiht aber auch noch auf trockenen Standorten. Die Wildform lässt sich im Garten kultivieren. Sinnvoller ist es jedoch, spezielle Gartensorten mit größeren Blättern zu pflanzen, zum Beispiel die Sorte 'Belleville'.

Sauerampfer geht schnell in Blüte; die langen Blütenstängel ragen weit über die Blattbüschel hinaus. An der rötlichen Färbung der Blüten und der Samen erkennt man den Sauerampfer schon von Weitem. Zur Blütezeit sind die Blätter nicht mehr gut genießbar. Nach dem Rückschnitt im Sommer treibt die Staude mit pfeilförmigen Blättern aber neu wieder aus. Im Spätsommer bis Herbst schließt sich eine zweite Ernteperiode an.

So wird's gemacht

Normalerweise genügt eine Pflanze pro Haushalt, denn meistens wird der Sauerampfer in nicht so großen Mengen verwendet. Aber auch eine Aussaat für den größeren Verbrauch ist möglich. Die Pflanze bevorzugt schattige bis halbschattige Standorte und eher feuchte, nährstoffreiche Böden. Ausgesät wird ab März bis zum Mai, nach ein bis maximal drei Wochen geht die Saat auf. Vier Jahre kann die Staude beerntet werden, dann wird eine Neuansaat nötig.

Besonders empfehlenswert ist die großblättrige Sorte 'Profusion' aus Kanada. Die Staude beginnt sehr bald im Frühling zu treiben und schiebt unermüdlich neue Blätter nach. Die besondere Eigenschaft dieser Sorte ist, dass sie nicht blüht und ihre ganze Wuchskraft in die großen Blätter steckt. Diese Sorte kann nur vegetativ durch Teilung der dicken Rhizome vermehrt werden.

Eine andere dekorative Ampferart ist der Blutampfer *(Rumex sanguineus* var. *sanguineus)*

mit roten Blattadern. Er ist sehr wüchsig und treibt unterirdische Ausläufer. Mit der Zeit kann er so fast ein wenig lästig werden.

Schnellinfo

Aussaat/Pflanzung: Ausdauernde Staude, Pflanzung von Frühjahr bis Herbst, Aussaat im Frühjahr.
Ansprüche im Garten: Feuchter, nahrhafter Boden, halbschattiger bis schattiger Standort.
So können die Pflanzen genutzt werden: Vinaigrette, Kräuterquark, Grüne Soße, Suppe, Tellerdekoration.
Empfehlenswerte Sorten: 'Profusion'; Blutampfer *(Rumex sanguineus)*, Roter Ampfer *(Rumex* spec.*)*.
Besonderheiten: Sauerampfer enthält Oxalsäure, die für Nierenkranke schädlich sein kann.

Für Kasten und Kübel geeignet

Für die Küche

Die fleischigen Blätter der Sorten schmecken feiner als die der Wildform und bereichern fein geschnitten Salatsoßen, Kräuterquark, Suppen oder Soufflés.

Etwas feiner im Geschmack und nicht ganz so sauer schmeckt der Blutampfer.

Vollkommen rote Blätter hat der seltene Rote Sauerampfer, der mit seinen tiefroten Blättern als Tellerdekoration unschlagbar ist.

Foto: Dr. Brunhilde Bross-Burkhardt

Schafgarbe

Die Schafgarbe *(Achillea millefolium)* ist eine Pflanze der Wiesen und Weiden und in vielen Regionen Deutschlands auf eher mageren Standorten sehr verbreitet. Der Name „Schafgarbe“ deutet schon ihr Vorkommen an: Sie ist auf Schafweiden häufig anzutreffen. Zu intensive Wiesen- und Weidenutzung verträgt sie aber nicht.

Im Frühjahr treiben die fein gefiederten, farnartigen Blättchen, die zunächst noch sehr klein sind und allmählich größer werden; von Mai bis Juni erscheinen die beblätterten Stängel mit den weißen oder leicht rosafarbenen Blütenkörbchen. Im Hochsommer sind die Blätter zum Essen meist zu hart und zu bitter-würzig. Besser ist es, erst im Herbst wieder zu sammeln, wenn die Staude nach der Mahd neu austreibt.

Für den Garten

In vielen Gärten stellt sich die Schafgarbe auf dem Gebrauchsrasen oder an Wiesenrändern von selbst ein, wenn die Standortverhältnisse stimmen. Wer viel von dem Blattwerk und von den Blüten braucht, überlegt sich vielleicht, die Staude im Garten anzusiedeln. Der Boden sollte eher mager und trocken sein, so wie auf einer Schafweide. In die nährstoffreiche Erde des Gemüsebeets gepflanzt, würde sich die genügsame Schafgarbe zu üppig entwickeln.

Einige Saatgutanbieter haben die Wildform von Achillea millefolium im Angebot. Empfohlen wird eine Aussaat ab April. Auf zusagendem Standort entwickelt sich die Staude gut und passt durchaus auch in naturnahe Zierpflanzenbeete. Auch in Kästen und Kübeln gedeiht die Schafgarbe, jedoch sollte für eine gesunde, gute Entwicklung ein mageres Substrat verwendet werden, oder man magert Gartenerde mit Sand ab.

Ziersorten

Es gibt auch etliche Ziersorten der Echten Schafgarbe mit gelben, himbeerfarbenen oder roten Blüten. Deren etwas harte Blätter sind essbar; vorzuziehen sind jedoch die Blätter der Wildform. Nicht essbar sind die Blätter der hohen Gelben Schafgarbe, einer Trockenpflanze.

Für die Küche

Schafgarbe wird fast ausschließlich am Naturstandort gesammelt – die jungen Blätter für Salate und Gemüsegerichte sowie das blühende Kraut für Tee. Für die Küche interessant sind die jungen Blättchen mit aromatischem, leicht bitterem Geschmack. Sie lassen sich unter grüne Blattsalate mischen oder für Tellerdekorationen, zum Beispiel in Verbindung mit hart gekochten Eiern, verwenden.

Beim Pflücken können unter Umständen ganz junge Schafgarbeblätter mit den Blättern vom giftigeren Rainfarn oder denen vom Schierling verwechselt werden. Machen Sie unbedingt eine Riechprobe: Während Schafgarbe ein würziges, angenehmes Aroma hat, ist der Geruch von Rainfarn und Schierling unangenehm.

Foto: Floramedia

Schnellinfo

Aussaat/Pflanzung: Aussaat ab April, Pflanzung im Frühjahr oder Herbst.
Ansprüche im Garten: Eher magerer, trockener Boden; sonniger Platz.
So können die Pflanzen genutzt werden: Junge Blätter für Salat, zum Würzen; blühendes Kraut für Tee.
Empfehlenswerte Sorten: Die wild wachsende Art.
Besonderheiten: Robustes, einheimisches Wildgewächs, hoher Zierwert.

Für Kasten und Kübel geeignet

Foto: Floramedia

Spargelsalat

Der Spargelsalat *(Lactuca sativa* var. *angustana),* ein Verwandter des Kopfsalats, ist eine echte Rarität. Botanisch hat das Gemüse mit Spargel nichts zu tun, es gehört vielmehr zur Familie der Korbblütler. Nach Saatgut muss man richtig suchen. Im normalen Saatguthandel wird es so gut wie gar nicht angeboten. Dabei verdient diese chinesische Spezialität es, (wieder) entdeckt zu werden. In früheren Zeiten hat es zumindest die Sorte 'Kasseler Strünkchen' zu einem gewissen Bekanntheitsgrad gebracht. Diese ist auch heute noch erhältlich. Bei den alternativen Saatgutanbietern und den Saatgutinitiativen stößt man eventuell auf weitere Sorten wie 'Grüner Stern' oder 'Roter Stern'. Die eigenartigen Sortennamen lassen sich leicht erklären: Bei der Draufsicht erscheinen die rundum angeordneten, spitz zulaufenden Blätter wie ein Stern aus grünen oder roten Blättern.

So wird's gemacht

Das Gemüse wird wie Pflücksalat im April ins Freiland gesät und später auf einen Abstand von 15–20 cm in der Reihe vereinzelt.

Spargelsalat gedeiht gut auf sonnigen Beeten in tiefgründigen humosen Böden. Ähnlich wie bei der Aussaat von Gartensalat dauert es etwas, bis die zarten Pflänzchen sprießen, die sehr gern von Schnecken gefressen werden. Eine Pikiersaat mit Radieschen ist deshalb sinnvoll. Mitunter lohnt sich auch eine Voranzucht. Aber auch hier muss man mit Vorsicht ans Werk gehen. Die Pflanzen entwickeln lange Wurzeln, die beim Pikieren in Mitleidenschaft gezogen werden können. Am besten verwenden Sie tiefe Kokosquelltöpfchen oder säen in tiefe Töpfe und pflanzen dann, nach einer kurzen Entwicklungsphase, ins Freiland.

Nach dem Aufgang bildet sich zunächst eine Blattrosette. Aus der Rosette erhebt sich der unten bis etwa 5 cm stark verdickte Stängel, der sich nach oben verjüngt. Der Stängel kann 1 m und höher wachsen, die Blüten erscheinen am Ende des Triebs. Zur Blütezeit sind die Stängel kaum noch genießbar; sie werden holzig. Die Ernte der Stängel sollte deshalb bereits vor der Knospenbildung erfolgen. Vorsorglich säen Gemüsegärtner den Spargelsalat in Sätzen, damit er über längere Zeit geerntet werden kann.

Foto: Floramedia

Schnellinfo

Aussaat/Pflanzung: Aussaat im April ins Freiland.
Ansprüche im Garten: Normaler Gartenboden, sonniger Platz.
So können die Pflanzen genutzt werden: Blätter für Salat und gedünstet als Gemüse, spargelartiger Stängel roh oder gedünstet, Zubereitung wie Spargel.
Empfehlenswerte Sorten: 'Grüner Stern', 'Roter Stern'.
Besonderheiten: Ungewöhnliches Geschmackserlebnis.

Für die Küche

Spargelsalat ist – abgesehen von seinen inneren und kulinarischen Werten – ein wertvolles, ertragreiches Gartengemüse, weil man sowohl die gebuchteten beziehungsweise gekrausten Blätter als auch den Stängel essen kann. Die Blätter schmecken säuerlich mit leicht bitterer Note und können wie Pflücksalat geerntet werden. Der Stängel oder Strunk wird entblättert, geschält und roh oder gedünstet zubereitet. Er schmeckt zart wie Kohlrabi.

Vogelmiere

Zugegeben, es wird kaum jemand auf die Idee kommen, Vogelmiere *(Stellaria media)* im Garten auszusäen. In vielen Gärten muss man gar nichts tun, um in den Genuss dieses wohlschmeckenden Kräutchens zu kommen. Es ist ein typisches Garten- und Ackerunkraut, das auf bearbeiteten Beeten zwischen Gemüse und Blumen wächst. Zuweilen sprießt es auch in Balkonkästen und -kübeln. Und das fast das ganze Jahr über, sogar im Winter, wenn es nicht zu frostig ist. Auf jeden Fall keimt und entwickelt es sich sehr bald im Frühjahr.

Vogelmiere ist eine typische Begleitpflanze des Feldsalats und anderer Gemüse, die über Winter auf dem Beet bleiben. Beim Abschneiden der Feldsalatrosetten lassen sich in einem Arbeitsgang gleich die Vogelmieretriebe ernten. Dabei schadet es nicht, wenn das Pflänzchen blüht. Samentragende Exemplare sind nichts für die Salatschüssel.

Aus der Natur und dem Garten

Die Vogelmiere ist ein einjähriges Pflänzchen, das sich selbst aussamt. Es breitet sich mit langen Trieben, die dicht mit kleinen hellgrünen Blättchen besetzt sind, direkt auf der Bodenoberfläche aus und wird höchstens 30 cm hoch. Vogelmiere schmückt sich mit winzigen, stecknadelkopfgroßen weißen Blütchen. Die vier Blütenblätter sind fast bis zum Grund geteilt, sodass man den Eindruck hat, sie hätte acht Blütenblättchen. Die fleischigen Blätter sind eiförmig zugespitzt. Verwechslungsgefahr besteht mit dem giftigen Acker-Gauchheil. Achten Sie, wenn Sie unsicher sind, auf den Stängel, der beim Acker-Gauchheil kantig ist.

Und wenn Sie auf den Geschmack gekommen sind, können Sie das Wildgemüse sogar gezielt in den Garten holen. Das gelingt einfach: Holen Sie sich samentragende Exemplare am Ackerrand oder aus einer öffentlich zugänglichen Anlage und legen Sie die Blattbüschel aufs Beet. Dann nimmt die Sache mit der Vogelmiere schon ihren Lauf. Und die gefiederten Gartenfreunde freuen sich ebenfalls über die Vogelmiere: Sie fallen gierig über das Kraut her und picken die Samenkörner heraus. Nicht umsonst trägt die Pflanze diesen Namen.

Für die Küche

Das Kraut schmeckt frisch angenehm nussartig. Es lässt sich, klein geschnitten, unter Blattsalate mischen. Man kann es auch mixen und wie aus Basilikum mit entsprechenden Zutaten Pesto daraus zubereiten. Vogelmiere schmeckt nur jung, solange die Blätter zart sind. Im Sommer und bei Trockenheit besteht das Pflänzchen fast nur aus langen harten Trieben, gespickt mit Samenkörnern, was unangenehm für den Gaumen ist.

Schnellinfo

Aussaat/Pflanzung: Wildpflanze, die sich meistens von allein im Garten ansiedelt.
Ansprüche im Garten: Nahrhafter Gartenboden, wächst häufig zwischen Feldsalat.
So können die Pflanzen genutzt werden: Junge Triebe werden im Frühjahr und Herbst für Salat oder Pesto geerntet.
Empfehlenswerte Sorten: Nur die Wildart.
Besonderheiten: Kann auch im Winter unter dem Schnee geerntet werden.

Waldmeister

Die giftgrüne Farbe von Wackelpudding und Maibowle ist auf Waldmeister *(Galium odoratum)* zurückzuführen, der in den letzten Jahren wieder sehr an Beliebtheit gewonnen hat. Eigentlich wächst er nur im Wald in größeren Beständen, auf frischen, kalkreichen Böden. Das dunkelgrüne Blattwerk fällt durch die ungewöhnliche Blattanordnung und -stellung auf: ein quirlförmiger Blattstand, und die Blätter stehen wie in Etagen übereinander. Der Stängel ist kantig und sein markantestes Erkennungsmerkmal.

Im Mai erscheinen die winzigen weißen Blüten, und der einzigartige Waldmeisterduft nach Cumarin mischt sich in die Waldluft. Die Zeit vor der beginnenden Blüte ist auch der richtige Erntezeitpunkt. Wegen des Erntetermins im Mai wird der Waldmeister auch als „Maikraut" bezeichnet. Interessanterweise duftet Waldmeister beim Abpflücken kaum, erst beim Trocknen werden die Duftmoleküle freigesetzt. Es schadet deshalb nicht, wenn man auf dem Markt angetrocknete Sträußchen kauft und diese für die Bowle verwendet.

Aus Natur und Garten

Im Garten ist der Waldmeister ein dankbarer Bodendecker, der noch an schattigen, trockenen Plätzen unter Nadelbäumen gedeiht, wo sich kaum ein anderes Kräutchen behaupten könnte. Die krautige Pflanze vermehrt sich durch Ausläufer, die direkt unter der Bodenoberfläche dahinkriechen, und kann so größere Flächen bedecken. Dem Ausbreiten kann man nachhelfen, indem man Teilstücke abtrennt und an anderer Stelle pflanzt. Eine Entnahme aus der Natur, also das Ausstechen ganzer Pflanzen, ist nicht erlaubt. In gut sortierten Gärtnereien erhält man jedoch im Frühjahr getopfte Pflänzchen, die an Ort und Stelle ausgepflanzt werden können. Fühlt sich der Waldmeister wohl, breitet er sich kontinuierlich aus. Bei einem gut entwickelten Bestand können einige Handvoll Triebe geerntet werden, die gebündelt werden, bevor man sie zum Trocknen aufhängt.

An schattigen Plätzen auf Balkon und Terrasse kann Waldmeister durchaus auch in Kübeln und Kästen erfolgreich kultiviert werden. Als Bodendecker kann er auch gut unter Sträuchern und Bäumen angepflanzt werden.

Für die Küche

Haupteinsatzgebiet des Waldmeisters ist sicher die Maibowle. Wichtig ist bei der Zubereitung, die etwas angetrockneten Triebe zu verwenden und vor allem das richtige Maß zu finden, denn ein Zuviel an Waldmeister und demzufolge auch an Cumarin kann Kopfschmerzen und Schwindel hervorrufen. In geringer Dosis ist die gegenteilige Wirkung möglich: Kopfschmerzen können verschwinden. Der typische Duft entfaltet sich auch in Kräuterschlafsäckchen.

Schnellinfo

Aussaat/Pflanzung: Pflanzung im Frühjahr oder Herbst.
Ansprüche im Garten: Frischer Boden, halbschattiger bis schattiger Platz.
So können die Pflanzen genutzt werden: Für Bowle (nicht zum Essen).
Empfehlenswerte Sorten: Nur die Wildart.
Besonderheiten: Nicht zu hoch dosieren.

Für Kasten und Kübel geeignet

Foto: Dr. Brunhilde Bross-Burkhardt

Zuckerhutsalat

In Süddeutschland, in der Schweiz und in Österreich ist der Zichoriensalat 'Zuckerhut' beliebt. In anderen Regionen Deutschlands kennt man ihn kaum, was aber nicht heißt, dass er dort nicht gedeihen würde. Der Name „Zuckerhut" deutet auf die Wuchsform hin; das Salatgemüse bildet tatsächlich spitz zulaufende Köpfe aus, die dem Zuckerhut sehr ähneln. Es gibt auch Sorten mit mehr zylindrischem Wuchs. Die geschlossenen Köpfe mit den breiten Blättern, die sich tütenförmig umschließen, werden bis etwa 50 cm hoch.

'Zuckerhut' ist ein Zichoriensalat, verwandt mit Chicorée und Radicchio. Sie alle sind aus dem Wildgewächs Wegwarte hervorgegangen und tragen den botanischen Namen *Cichorium intybus*. Ihnen allen eigen ist der bittere Geschmack, für den der Bitterstoff Intybin verantwortlich ist.

So wird's gemacht

Zuckerhutsalat ist ein wichtiges Gemüse für Spätherbst und frühen Winter. Er wird ab Mitte Juni bis Mitte Juli breitwürfig auf Beete im Garten gesät und bis zum Keimen feucht gehalten. Zuckerhutsalat bildet eine Pfahlwurzel aus und verträgt das Verpflanzen nicht so gut. Am besten ist es, wenn man zu eng stehende Pflänzchen auf dem Saatbeet vereinzelt und sie an eine andere Stelle setzt. Es kann ein paar Tage dauern, bis die Jungpflanzen einwurzeln und die Blättchen sich aufrichten. Nach dieser Jungpflanzenphase wächst Zuckerhut problemlos weiter, wenn er genügend Feuchtigkeit hat. Geerntet wird ab Ende September. Die Salatköpfe können lange draußen auf dem Beet bleiben, denn sie vertragen ein paar Grade Frost (bis –4 °C). Zuckerhut ist somit frosthärter als Endiviensalat, der nur etwa –2 °C verträgt. Wenn man die Pflanzen im Garten bei tieferem Frost abdeckt, können sie sogar bis in den Januar hinein (in nicht allzu kalten Wintern sogar bis zum Frühjahr) draußen stehen bleiben und geerntet werden. Wenn längere Frostphasen angekündigt sind, kann man Zuckerhut auf Vorrat ernten: In einem kühlen Lagerraum halten sich die Zuckerhutköpfe – fest in Zeitungspapier eingewickelt – mehrere Monate lang. Im Gegensatz zum hochgezüchteten Gartensalat kennt man bei Zuckerhutsalat kaum Krankheiten und Schädlinge. Das macht dieses Gemüse für den Anbau im Garten besonders attraktiv.

Für die Küche

Hauptsächlich wird Zuckerhut für Salate verwendet. Um die Bitterkeit etwas abzumildern, schmecken im Winter Mandarinen gut dazu. Er kann aber auch, zusammen mit Zwiebeln, in Streifen geschnitten und kurz gedünstet werden.

Schnellinfo

Aussaat/Pflanzung: Ab Mitte Juni bis Juli, Verpflanzen nur im Notfall im August.
Ansprüche im Garten: Nahrhafter Gartenboden, bei Trockenheit wässern.
So können die Pflanzen genutzt werden: Für Blattsalate.
Empfehlenswerte Sorten: 'Zuckerhut' ist eine Sorte aus der Gruppe der Zichoriensalate.
Besonderheiten: Durch den Bitterstoffgehalt sehr wertvolles Diätgemüse.

Pilze

Foto: Floramedia

Pilze aus eigener Zucht

Es gibt kaum etwas Schöneres, als auf Pilzsuche durch herbstliche Wälder zu streifen und Steinpilze und Pfifferlinge in den Sammelkorb zu legen. Wer keine Wälder vor der Haustür hat und sich unsicher beim Bestimmen der Pilze ist, hat die Möglichkeit, Pilze im Garten oder auf dem Balkon zu kultivieren. Das gelingt mit einigen Pilzarten ganz gut. Dazu muss man sich im Fachhandel mit Pilzbrut eindecken. Pilzarten wie der Steinpilz und Pompon blanc widersetzen sich jedoch menschlichen Kulturbemühungen. Pilze sind eben eigenartige Lebensformen, so ganz anders als unsere anderen Nahrungspflanzen.

Am einfachsten, und für Anfänger sicher der erfolgreichste Weg, ist es, sich Fertigkulturen zu bestellen. Pilze können auf Holz, auf Stroh und auf Spezialsubstraten gezüchtet werden. Viele Foren im Internet geben Tipps und Ratschläge über die Möglichkeiten und Grenzen der Hobbypilzzucht. Wer einmal damit begonnen hat, wird viel Freude daran finden.

Pilze für den Garten

Verschiedene Anbieter haben spezielle Waldgartenkulturen im Sortiment. Braunkappen, Austernpilz, Kräuterseitling und Stockschwämmchen können unter Bäumen und Sträuchern, auf waldähnlichen Standorten etabliert werden – wenn man Glück hat. Die passenden Standortbedingungen entscheiden über das Gelingen der Pilzzucht. Einen Versuch ist es aber allemal wert. Mit der Pilzbrut erhalten Sie meistens noch ein

Spezialsubstrat. Ist der richtige Platz im Garten ausgewählt, hebt man ein Stück Mutterboden ab, füllt die Hälfte des Substrats ein, gibt die Pilzbrut und den Rest des Substrats darauf und deckt wieder mit Mutterboden ab. Dann müssen Sie nur noch warten, bis die ersten Pilze sprießen!

Pilze können im Freien, aber auch auf Stroh, Strohpellets oder Holz gezüchtet werden. Die einzelnen Arten haben zum Teil ganz unterschiedliche Wachstumsbedingungen.

Foto: Floramedia

Pilze für das Haus

Auch im Haus lassen sich bestimmte Pilze züchten, zum Beispiel Champignons oder Austernpilze. Meistens bekommt man das bereits mit Pilzbrut beimpfte Substrat. Bei der für die Pilzart passenden Temperatur und Luftfeuchtigkeit beginnt das Wachstum dann nach einigen Wochen.

Zubereitung und Konservierung

Pilze sollten nach Möglichkeit nicht gewaschen werden. Sie saugen sich schnell mit Wasser voll und verlieren dadurch an Aroma. Am besten verwendet man eine weiche Pilzbürste, mit der Erdreste und andere Verunreinigungen entfernt werden können. Bei einer Anzucht auf Stroh, Holz oder in kleinen Kisten ist das sicher auch kein Problem. Pilze, die im Waldgarten unter Bäumen und Sträuchern gezüchtet werden, sind dagegen mitunter sehr schmutzig. Ist das der Fall, können Sie zu einem angefeuchteten sauberen Tuch greifen, um die Schmutzpartikel abzureiben. Auf einem Küchenpapier können sie anschließend trocknen.

Es gibt verschiedene Zubereitungsmöglichkeiten von Pilzen. Einige Arten können roh verzehrt werden, die meisten dünstet oder brät man. Die Einsatzmöglichkeiten sind vielfältig.

Um Pilze haltbar zu machen, kann man sie trocknen. Sie verlieren dadurch zwar an Gewicht und werden unansehnlich, aber ihr Aroma wird sehr viel intensiver. Ein Dörrgerät leistet gute Dienste, man kann die Pilze aber auch bei niedriger Temperatur im Backofen trocknen.

Auch das Einfrieren eignet sich zur Konservierung von Pilzen. Werden ganze Pilze roh eingefroren, legt man sie zunächst auf ein Tablett zum Vorgefrieren. Sie dürfen nicht übereinandergeschichtet werden. Sind sie durchgefroren, kann man sie in einen Beutel packen und bis zur weiteren Verwendung tiefgefrieren. Klein geschnitten können Sie die Pilze auch ganz kurz blanchieren, wie Gemüse, abkühlen lassen und dann einfrieren.

Foto: Floramedia

Austernpilz

Der Austernpilz oder Austernseitling *(Pleurotus ostreatus)* kommt in der Natur an Stümpfen oder lebenden Stämmen verschiedener Laubhölzer vor. Er ist ein Ganzjahrespilz, der bei niedrigen und höheren Temperaturen wächst.

Die sehr charakteristische Hutform des Austernpilzes kann man als einseitig muschelförmig beschreiben, mit langem eingerolltem Rand. Er verändert während des Wachstums verblüffenderweise die Farbe. Jung sieht er dunkelgrau bis stahlblau aus; älter werdend hellt er auf und verändert die Farbe in helles Lederbraun. Die Lamellen sind weiß oder hellgrau; sie stehen sehr dicht und laufen am Stiel hinab. Der Stiel ist weiß, kurz und dick, haarig-zottig. Der Durchmesser beträgt etwa 12 cm. Das weiße Fleisch ist geruchlos und von mildem Geschmack.

So wird's gemacht

Der Austernpilz lässt sich leicht kultivieren, da das Myzel sehr robust und schnellwüchsig ist. Die Pilzbrut wird auf Stroh oder auf Laubhölzer ausgebracht.

Bei der sehr einfachen Strohkultur füllt man Stroh oder Strohpellets in Eimer mit Wasserabzug oder in große Blumentöpfe, tränkt gut mit Wasser (die Pellets quellen auf) und impft mit der Pilzbrut (Körnerbrut). Bei ca. 20 °C sprießen nach 4–6 Wochen die ersten Pilze. Die Behälter mit der Austernpilzkultur können im Haus stehen oder im Sommer und Herbst an schattigen Plätzen im Freien. Nach mehreren Erntephasen ist das Substrat erschöpft und kann kompostiert werden. Ergiebiger ist die Austernpilzkultur auf Strohballen.

Etwas komplizierter und langwieriger ist die Austernpilzkultur auf Holz. Bei einigen Pilzkulturanbietern kann man fertig beimpfte Hölzer kaufen, ansonsten muss man Holzstücke selbst impfen. Die Holzstücke sollten dabei einen Durchmesser von mindestens 18 cm haben. Geimpft wird mit sogenannten Impfdübeln aus Holz, die von Pilzmyzel durchzogen sind. Hierfür werden Löcher in die Hölzer gebohrt.

Die mit Austernpilzbrut beimpften Hölzer werden an einem schattigen Ort zu zwei Dritteln in humose Erde eingegraben, am besten im August. Danach muss man nur noch regelmäßig wässern und die Stämme feucht halten. Die Ernte kann sich bis zu fünf Jahre hinziehen, mit Erntehöhepunkten von März bis Mai und von September bis November. Der Austernpilz wächst büschelweise und wird abgeschnitten.

Es ist auch eine Kombination von Holz- und Strohkultur in einem Kasten möglich. Dazu gräbt man die Hölzer ein und umgibt sie mit entsprechend vorbehandeltem Stroh beziehungsweise Strohpellets und impft mit Körnerbrut. Vom Stroh aus dringt der Pilz ins Holz ein und durchzieht dieses mit Myzel.

Für die Küche

Austernpilze haben einen kräftig-würzigen Waldpilzgeschmack. Sie werden normalerweise gar nicht gesäubert, man entfernt nur das Stielende. Sie werden gedünstet oder gebraten und sind als vegetarische Gerichte ebenso beliebt wie in Verbindung mit Fleisch.

Foto: Floramedia

Schnellinfo

Kulturbeginn: Ausbringen der Pilzbrut im Haus oder im geheizten Gewächshaus ganzjährig, im Freien März bis Oktober.
Ansprüche im Garten: Schattenplatz auf Stroh oder auf Laubhölzern.
So können die Pflanzen genutzt werden: Zum Anbraten und Gratinieren, für Gemüsegerichte.
Besonderheiten: Sehr leicht zu kultivieren.

Braunkappe

Die Braunkappe kommt in der Natur eher selten auf Mulchflächen oder verrottendem Stroh vor; sie lässt sich jedoch leicht kultivieren. Ihr eigentlicher Name ist Rotbrauner Riesenträuschling *(Stropharia rugosaannulata)*. Wegen der braunen Farbe des Huts hat man dem Pilz den einprägsameren Namen „Braunkappe“ verpasst. Er ähnelt von Form und Farbe her einem kleinen Steinpilz.

Braunkappen bilden zunächst halbkugelförmige bis ovale Hüte mit rauer Oberfläche aus, mit nach unten gebogenen Huträndern, was ihnen ein kugeliges Aussehen verleiht.

Beim Weiterwachsen biegen sich die Hutränder in die Waagerechte und erreichen einen Durchmesser von bis zu 15 cm. Die Hutfarbe ist gelbbraun bis rotbraun, die Lamellen sind erst grau und färben sich dann schwarzlila. Der Stiel ist dick, fest und fleischig, weiß bis leicht gelblich gefärbt und wird bei der Zubereitung mitverarbeitet. Roh schmecken Braunkappen rettichartig, gedünstet leicht nussig. Wenn sich der Hut öffnet, färben sich die Sporen in den Lamellen und geben den Gerichten eine dunkle Farbe. Besser ist es deshalb, die Pilze vorher zu verarbeiten.

So wird's gemacht

Bei Braunkappen oder Kulturträuschlingen gelingt die Kultur im Garten auf Stroh, die Anlage sollte allerdings Kontakt zum Untergrund haben. Das Stroh kann lose oder in Form von Strohballen verwendet werden beziehungsweise als Strohmehl oder Strohpellets. In das Stroh bringt man die Pilzbrut ein, die aus mit Pilzmyzel beimpftem Stroh besteht.

Bei der Strohballenkultur werden die Ballen völlig in Wasser untergetaucht und getränkt, bevor sie an einen passenden schattigen Ort im Garten gebracht werden. Dann bohrt man mit passenden Geräten etwa 15 cm tiefe Löcher, verteilt über die Oberfläche, und füllt die Pilzbrut ein. Statt eines ganzen Strohballens kann man auch einen aus Holz gebauten Rahmen mit Stroh füllen. Oder – ganz schlicht – einen großen Plastikblumentopf oder Plastikeimer ohne Boden aufstellen.

Das Pilzmyzel durchzieht das Stroh und bildet unter der Oberfläche die Pilzkörper aus. Über Nacht schieben sich die Pilze an die Außenseite des Ballens. Ein richtiger Aha-Effekt! Braunkappen entwickeln sich in Schüben zwischen Juni und September und bringen mehrere Erntewellen. Ernten Sie die Pilze durch Herausdrehen der Pilzkörper vom Myzel, niemals durch Abschneiden!

Waldgartenpilze

Eine von Pilzbrutanbietern speziell konfektionierte „Waldgartenpilzkultur“ ermöglicht es, Braunkappen dauerhaft unter Gehölzen anzusiedeln. Man bringt dazu das Kultursubstrat unter Bäumen im Schatten aus, feuchtet an und impft mit der Pilzbrut das Substrat. Dann muss man das Ganze nur noch feucht halten und wird nach ein paar Wochen ernten können.

Für die Küche

Braunkappen haben ein mildes Aroma, das an frisches Obst erinnert. Sie verfeinern und bereichern Suppen, Ragouts, Gulasch und Soßen.

Schnellinfo

Kulturbeginn: Frühjahr bis Herbst.
Ansprüche im Garten: Schattenplatz auf Stroh oder Strohpellets.
So können die Pilze genutzt werden: Roh für Salate, zum Anbraten und Gratinieren, für Gemüsegerichte.
Besonderheiten: Sehr ertragreiche Pilzkultur.

Foto: fotolia.de/Michael Röhrich

Kräuterseitling

Der Kräuterseitling *(Pleurotus eryngii)* ist ein Verwandter des Austernpilzes *(Pleurotus ostreatus)*. Er wird als kleiner Bruder des Steinpilzes angesehen. Seit Längerem findet man ihn häufig im Naturkosthandel – nicht aus Wildsammlung, sondern aus Kulturen. Wild wächst er als Schmarotzerpflanze auf bestimmten Doldenblütlern, auf Feld-Mannstreu, Riesenfenchel oder auf Laserkraut. Dies sind alles Wildpflanzen, die in Deutschland sehr selten sind oder gar nicht vorkommen. Der Fruchtkörper ist weiß, creme- bis ockerfarben mit matt graubraunem, feinfilzigem Hut. Der Hutrand ist lang heruntergebogen bis eingerollt und leicht wellig. Die Lamellen sind weiß und färben sich mit zunehmender Reife gelblich bis orange; sie laufen weit am Stiel hinab. Der Kräuterseitling hat die hervorragende Eigenschaft, dass er nach dem Garen noch bissfest ist.

So wird's gemacht

Und wie baut man ihn an? Die Profis nehmen Buchensägemehl mit Zuschlagstoffen und kultivieren die Pilze in Innenräumen. Hobbyzüchter können den Pilz auch im Freiland auf speziellen Substraten heranziehen. Das Substrat, eine Mischung aus Stroh- und Holzpellets, wird mit Wasser angefeuchtet. An einer schattigen Stelle im Garten gräbt man eine etwa 15 cm tiefe Grube aus und gibt die Hälfte des Substrats hinein. Auf das Substrat kommt nun die in daumengroße Stücke geteilte Pilzbrut. Darauf schüttet man das restliche feuchte Substrat, drückt vorsichtig fest und deckt mit einer dünnen Lage Muttererde ab. Die Kultur kann von März bis Oktober angelegt werden. Die ersten Pilze erscheinen frühestens 3–4 Monate nach Anlegen der Kultur, also am Ende des Sommers oder im Herbst, ausgelöst durch einen „Kälteschock“ bei Absinken der Temperatur. Bei Trockenheit sollten Sie unbedingt wässern. Wann die Fruchtkörper erscheinen, hängt auch von der Temperatur ab. Beim Kräuterseitling liegt der günstige Temperaturbereich bei 10–20 °C. Nach der Durchwachsphase schadet Frost dem Pilz nicht. Bei sehr tiefen Temperaturen kann man mit Reisig oder Laub abdecken. Es kann also durchaus sein, dass sich die Pilzernte im darauffolgenden Jahr fortsetzt.

Für die Küche

Das zarte Aroma von Kräuterseitlingen erinnert an Steinpilze. Beide Pilzarten können deshalb auch gut zusammen zubereitet werden. Der gesamte Pilz kann nach dem Reinigen für Suppen, zu Fleisch oder vegetarisch zubereitet werden. Er lässt sich auch problemlos grillen.

Im Kühlschrank in ein feuchtes Tuch gehüllt, hält er sich zehn Tage.

Schnellinfo

Kulturbeginn: März bis Oktober.
Ansprüche im Garten: Schattiger, windstiller Platz.
So können die Pilze genutzt werden: Zum Braten, Grillen, Schmoren, Trocknen.
Besonderheiten: Sehr bissfestes Fleisch.

Shiitake

Shiitake ist ein Kulturpilz. In der freien Natur findet man den Pilz nicht. Der Shiitakepilz *(Lentinula edodes)* ist seit über 2000 Jahren in Japan und China ein begehrter Speisepilz.

Ihm wird ein hoher gesundheitlicher Wert zugesprochen, vor allem wird er wegen seines hohen Vitamingehalts hoch gelobt. Insbesondere Vitamin D_2 und Vitamin B_{12} sind in Shiitakepilzen enthalten, die in grünen Pflanzen nicht vorkommen. Der Pilz sieht mit seiner hellbraunen bis braunen Hutoberseite mit weißlichen bis bräunlichen Schuppen sehr ansprechend aus. Der Hut hat einen Durchmesser von 5–15 cm. Der Stiel ist weiß bis bräunlich und zwischen 3 cm und 10 cm hoch.

So wird's gemacht

Shiitake besiedelt ausschließlich Laubhölzer. Für die Shiitakekultur nimmt man gern etwa 10 cm dicke Eichenknüppel. Die Pilzbrut wird als Körnerbrut (auf Getreide) und als Impfdübel (Holzdübel) angeboten. Die Pilzbrut muss ins Holz hineinpraktiziert werden. Das kann mittels Kopf-, Bohrloch-, Keil- und Schnittimpfung geschehen. Am einfachsten und gängigsten ist es, Impfdübel in Bohrlöcher einzuschlagen. Die Dübelstellen sollten möglichst mit Latex versiegelt werden. Gerade bei der Verwendung von Impfdübeln sollten Sie allerdings auf eine gute Qualität achten. Hin und wieder sind die Impfdübel schon älter und es verzögert sich nicht nur der Erntezeitpunkt, sondern auch der Ertrag.

Nach dem Impfen muss man die Holzstücke oder Knüppel erst einmal an einem schattigen Platz unter Büschen oder Bäumen lagern und das Holz in dieser Zeit immer feucht halten. Das heißt, im Sommer kann es nötig sein zu wässern. Am besten deckt man die Stämme mit Laub, alten Säcken oder Folie ab, und zwar so lange, bis das Pilzmyzel das Holz durchzogen hat. Das erkennt man an einem weißlichen Schimmelrasen, der an den Schnittstellen und Außenseiten der Hölzer erscheint. Die Besiedelungsphase kann zwölf Monate dauern, teilweise sogar bis zu 24 Monate. Frost schadet der Pilzkultur nicht. Für die Shiitakekultur braucht man also Geduld. Wer die Wartezeit verkürzen möchte, kann auch fertig beimpfte Hölzer kaufen. Nach der Durchwachsphase – etwa ein Jahr nach dem Beimpfen – stellt man die Knüppel aufrecht und mit etwas Abstand auf. Dann muss man nur noch feucht halten und darf sich auf die erste Ernte der Fruchtkörper freuen.

Viel einfacher und schneller geht es mit einer neu entwickelten Fertigkultur auf der Basis von Laubholzspänen und Gips. Laubholzspäne und Gips werden mit Wasser angefeuchtet und die Pilzbrut untergemischt. Das Ganze kommt in einen großen Plastikbeutel und wird aufgehängt beziehungsweise auf einen Drahtkorb gesetzt. Bei dieser Kulturvariante dauert es nur 7–8 Wochen, bis das Myzel das Holz durchwachsen hat. Erschütterungen leiten die Fruchtkörperbildung ein; jetzt muss nur noch die Folie entfernt und für hohe Luftfeuchtigkeit gesorgt werden, und nach 7–10 Tagen kann schon geerntet werden.

Für die Küche

Shiitake sind sehr herzhaft. Testen Sie deshalb zunächst den Geschmack, bevor Sie die Pilze für Salate, Pfannengerichte, Suppen und Soßen, zum Überbacken und zum Anbraten verwenden.

Schnellinfo

Kulturbeginn: Impfen der frischen Hölzer vorzugsweise im Frühjahr.
Ansprüche im Garten: Die Hölzer an einem Schattenplatz aufstellen.
So können die Pflanzen genutzt werden: Zum Anbraten und Gratinieren, für Gemüsegerichte, zum Trocknen, für Pilzpulver.
Besonderheiten: Braucht bis zu 24 Monate bis zur Ernte.

Register

Empfohlene Sorten

'Aromata' ... 39
'Bamberger Hörnchen' ... 61
'Belleville' ... 114
'Bintje' ... 61
'Bischofsmütze' ... 71
'Blaue Mauritius' ... 61
'Blauer Schwede' ... 62
'Blue Congo' ... 62
'Blue Salad' ... 62
'Braunschalige' ... 55
'Bright Lights' ... 33
'Bright Yellow' ... 32
'Bubikopf' ... 86
'Early Butternut' ... 72
'Escariol' ... 86
'Gelber Zentner' ... 71
'Grüner Stern' ... 118
'Halblange Weiße' ... 39
'Hangdown' ... 16
'Hansa' ... 62
'Highland Burgundy Red' ... 62
'Hunsrück' ... 16
'Hunter' ... 72
'Jack o'Lantern' ... 74
'Kefermarkt Zuchtstamm' ... 62
'Langer Schwarzer Winter' ... 43
'La Ratte d'Ardeche' ... 62
'Lucullus' ... 32
'Maienbohne' ... 15
'Mandelkartoffel' ... 62
'Mary Washington' ... 49
'Muscat de Provence' ... 72
'Painted Lady' ... 15
'Palla Rossa' ... 110
'Pink Fir Apple' ... 62
'Preisgewinner' ... 15
'Reinweiße' ... 55
'Rhubard Chard' ... 32
'Rosa Tannenzapfen' ... 62
'Rote Warze' ... 72
'Roter Stern' ... 118
'Rouge vif d'Etampes' ... 72
'Runder Schwarzer Winter' ... 43
'Runder Weißer Winter' ... 43
'Small Wonder' ... 73
'Steiniva' ... 49
'Stripetti' ... 73
'Très fine maraichère' ... 86
'Uchiki Kuri' ... 71
'Variegata' ... 93
'Variegata di Castelfranco' ... 111
'Vegetable Spaghetti' ... 73
'Vesuv' ... 72
'Violetter Gournay' ... 43
'Vitelotte noire' ... 62, 63
'Wallonne' ... 86
'Weiße Riesen' ... 15
'White King' ... 39

Botanische und deutsche Namen

Achillea millefolium ... 116
Ackersalat ... 88
Aegopodium podagraria ... 92
Alliaria petiolata ... 100
Allium cepa ... 23
Allium fistulosum ... 54
Allium ursinum ... 78
Allium x proliferum ... 23
Amoracia rusticana ... 34
Asparagus officinalis ... 46
Atriplex hortensis ... 90
Austernpilz ... 128, 130
Austernseitling ... 130
Bärlauch ... 78
Baumspinat ... 91
Beta vulgaris ... 32
Bitterkraut ... 84
Bittersalat ... 84
Bittersenf ... 84
Bleichspargel ... 46

Borago officinalis 80
Borretsch 80
Brassica oleracea 26
Brassica oleracea var. *costata* 26
Brassica oleracea var. *palmifolia* 26
Brassica oleracea var. *ramosa* 26
Brassica rapa subsp. *rapa* 30
Braunkappe 128, 132
Bronzefenchel 82
Brunnenkresse 84
Butterkohl 'Bloemendaalese Geele' 27
Chenopodium capitatum 18
Chenopodium album 91
Chenopodium bonus-henricus 94
Chenopodium foliosum 18
Chenopodium giganteum 91
Chinakohl 30
Cichorium endivia 86
Cichorium intybus 86, 110 125
Claytonia perfoliata 108
Cochlearia danica 102
Cochlearia officinalis 102
Cucurbita maxima 71
Cucurbita moschata 72
Cucurbita pepo 72
Cyperus esculentus 20
Dolichos lablab 14
Endiviensalat 86
Erdbeerspinat 18
Erdmandel 20
Etagenzwiebel 23
Ewiger Kohl 28
Feldsalat 88
Feuerbohnen 14
Filderkraut 28
Foeniculum vulgare var. *dulce* 82
Frisée-Endivie 86
Galium odoratum 122
Gartenmelde 90
Gemüsekürbis 72
Gemüseportulak 108
Giersch 92
Glycine maxima 14, 17
Grünspargel 46
Gurkenkraut 80
Guter Heinrich 94
Haferwurzel 24
Helianthus strumosus 53
Helianthus tuberosus 52
Helmbohne 14
Hirschhornwegerich 96
Hokkaidokürbis 71
Kaffee-Erbse 50
Kapuzinerkresse 81, 98
Knoblauchrauke 100
Kopfiger Erdbeerspinat 18
Krähenfußwegerich 96
Kräuterseitling 128, 135
Lactuca sativa var. *angustana* 118
Lentinula edodes 136
Löffelkraut 102
Löwenzahn 81, 104
Luftzwiebel 23
Mai- und Herbstrübchen 30
Mangold 32
Meerrettich 34
Mizuna 30
Muskat- oder Moschuskürbis 72
Nasturtium officinale 84
Neuseeländer Spinat 36
Ölkürbis 74
Pak Choi 30
Pastinaca sativa 39
Pastinake 38
Patisson 72
Phaseolus coccineus 14
Phaseolus vulgaris var. *nanus* 14
Phaseolus vulgaris var. *vulgaris* 14
Pimpinelle 106
Plantago coronopus 96
Pleurotus eryngii 135
Pleurotus ostreatus 130

Portulaca oleracea subsp. *oleracea*..........108
Portulaca oleracea subsp. *sativa*..........108
Portulak..........107
Puffbohnen..........14
Radicchio..........110
Raphanus sativus var. *mougri*..........40
Raphanus sativus var. *niger*..........42
Raphanus sativus var. *sativus*..........40
Rapunzel..........88
Rattenschwanzrettich..........40
Riesenkürbis..........71
Römischer Ampfer..........112
Rondini..........72
Rotbrauner Riesenträuschling..........132
Rübsen..........30
Rübstiel..........30
Rumex acetosa..........114
Rumex scutatus..........112
Sanguisorba minor..........106
Saubohnen..........14
Sauerampfer..........114
Schafgarbe..........116
Schildampfer..........112
Schlangenradies..........40
Schwarzer Rettich..........42
Schwarzwurzel..........44
Scorzonera hispanica..........44
Shiitake..........136
Sojabohne..........14, 17
Sonnenwurzrel..........52
Spaghettikürbis..........73
Spargel..........46
Spargelbohne..........14, 16
Spargelerbse..........50
Spargelsalat..........118
Speisekürbis..........70
Spinacia oleracea..........36
Squash..........72
Stellaria media..........120
Stropharia rugosa-annulata..........132
Taraxum officinale..........104
Tetragonia tetragonioides..........36
Tetragonolobus purpureus..........50
Topinambur..........52
Toskanischer Palmkohl..........27
Tragopogon porrifolius..........24
Tropaeolum majus..........98
Valerianella locusta..........88
Vicia faba..........16
Vigna unguiculata subsp. *sesquipedalis* 14, 16
Vogelmiere..........120
Waldmeister..........122
Weißer Gänsefuß..........91
Weißwurzel..........25
Winterheckzwiebel..........54
Winterportulak..........107
Winterpostelein..........107
Zichoriengewächs..........87
Zucchini..........72
Zuckerhutsalat..........125

Nützliche Adressen

Austrosaat
Oberlaaerstraße 279
A-1232 Wien
www.austrosaat.at

Bingenheimer Saatgut AG
Kronstr. 24
D-61209 Echtzell-Bingenheim
www.bingenheimersaatgut.de

bio-saatgut Gaby Krautkrämer
Weingartenstr. 58
D-97252 Frickenhausen am Main
www.bio-saatgut.de

Botanik Sämereien AG
Talstr. 35
CH-8808 Pfäffikon
www.saemereien.ch

Hof Jeebel GmbH & Co. KG
Jeebel 17
D-29410 Salzwedel
www.biogartenversand.de

N.L. Chrestensen Erfurter Samen- und Pflanzenzucht GmbH
Witterdaer Weg 6
99092 Erfurt
www.chrestensen.de

Dreschflegel GbR
In der Aue 31
37213 Witzenhausen
www.dreschflegel-saatgut.de

Dürr Samen
Stephan Schwenk e. K.
Bayernstraße 24
72768 Reutlingen
www.duerr-samen.de
Bruno Nebelung GmbH
Freckenhorster Str. 32
D-48351 Everswinkel
(Kataloge für Endverbraucher)
www.nebelung.de

meine ernte GmbH
Joseph-Schumpeter GmbH
53227 Bonn
www.meine-ernte.de

Garten des Lebens
Annette Holländer & Hans Sondermeier
Hergertswiesen 2 / Friedelhof
86495 Eurasburg
www.garten-des-lebens.de

SPERLI GmbH
Freckenhorster Str. 32
D-48351 Everswinkel
(Mit Händlersuche)
www.sperli.de

VEREINE, VERBÄNDE, BERATUNGS-DIENSTE, GARTENAKADEMIEN

ARCHE NOAH
Obere Straße 40
A-3553 Schiltern
www.arche-noah.at

Dachverband Kulturpflanzen Nutztiere Vielfalt e.V.
Burghofstraße 116
53229 Bonn
www.kulturpflanzen-nutztiervielfalt.org

www.gartenakademien.de

Slow Food Deutschland e.V.
Marienstr. 30
10117 Berlin
www.slowfood.de

VEN - Verein zur Erhaltung der Nutzpflanzenvielfalt e.V.
Walburger Straße 2
37213 Witzenhausen
www.nutzpflanzenvielfalt.de